Geh mir aus der Sonne!

Jubiläums-Edition

Geh mir aus der Sonne!

Anekdoten
über Philosophen und andere Denker

Herausgegeben von
Peter Köhler

Philipp Reclam jun.
Stuttgart

Satz und Druck: Reclam, Ditzingen
Buchbinderische Verarbeitung: Kösel, Kempten
Printed in Germany 2003
RECLAM ist eine eingetragene Marke
der Philipp Reclam jun. GmbH & Co., Stuttgart
ISBN 3-15-010531-5

www.reclam.de

Inhalt

Vorwort

»Viel Gewaltiges lebt, doch nichts gewaltiger als der Mensch«, behauptete Sokrates' Zeitgenosse Sophokles. Ist der Mensch zum Beispiel ein Philosoph, so stellt er die gewaltigsten Fragen. Was ist die Welt? Was ist das Leben? Was ist das Glück? Was ist Wahrheit? Was wissen wir? Auf diese Fragen hat es in mehr als 2500 Jahren Philosophiegeschichte gewaltige Antworten gegeben.

Und doch gilt bis heute das bekannte Eingeständnis des Sokrates, der nur weiß, daß er nichts weiß. Bis heute verfügt die Philosophie, im Unterschied zu anderen Wissenschaften, über keinen anerkannten Fundus gesicherten Wissens, ja, es ist sogar noch immer strittig, was Philosophie eigentlich ist und was sie leisten kann – ob sie also, um die beiden Extreme, den Nordpol des abstrakten Denkens einerseits und das Dickicht des konkreten Alltags andererseits, zu benennen, das Wesen des Seins zu erhellen imstande ist oder nicht einmal praktikable Winke fürs Menschenleben geben kann.

So viele Antworten die Philosophie in über 2500 Jahren gab, Bestand hatte keine. Ein bißchen komisch ist das schon. Ein bißchen komisch müssen dann wohl auch jene sein, die dieses Frage- und Antwortspiel, diese Gedankenkunst betreiben: die Philosophen. Hochintelligente, aber etwas weltfremde Stubenhocker, leben sie, so scheint es, statt auf dem Boden der Tatsachen, hoch oben im Elfenbeinturm des Geistes, belächelt und bewundert zugleich.

Wenn solch ein kluger Kopf an jenem Alltag scheitert, den jeder Minderbegabte meistert, ist das natürlich zum Lachen; der kauzige Gelehrte und der zerstreute Professor sind zwei Witzfiguren, die so entstanden. Zugleich aber vermögen Philosophen das von den Normalmenschen gewohnte Leben in Frage zu stellen und die Ahnung von einem anderen zu vermitteln – hier genügt der Hinweis auf Diogenes. Der war auch ein komisches Talent: Denn Philosophen (und Gelehrte überhaupt) sind, ihrer eventuell vergrübelten, tiefsinnig angelegten Natur zum Trotz, auch selbst zur *vis comica* begabt und haben als Menschen von Geist genug Witz, wie viele Anekdoten beweisen.

Die Anekdote hat mit der Philosophie eines gemeinsam: Auch sie tritt mit dem Anspruch auf Wahrheit auf. Ob sie ihn stets erfüllt, sei dahingestellt. Zutreffen mag nämlich auch die erfundene Anekdote. Die Wahrheit kann im Falschen liegen, im Erdichteten sich eine tiefere Einsicht verbergen und im höheren Sinn das Unechte einzig richtig sein. Echt und wahr sind eben keineswegs identisch. »Ich nehme an«, notierte Ernst Jünger, »daß neun Zehntel aller genialen Worte und geistreichen Repliken, die wir aus der Geschichte kennen, nachträglich als Treppenwitz erfunden oder wenigstens zugespitzt worden sind. Das erhöht die geschichtliche Treue, die nicht mit der des Photographen zu verwechseln ist.«

Was also wissen wir? Wie jede andere Anekdote ist auch die über Philosophen und andere Denker nicht unbedingt ein Tatsachenbericht. Was also ist Wahrheit? Ob die Anekdote eine Philosophie wie in einem Blitzstrahl bündelt, eine – bestandene oder verpatzte – Bewährungsprobe mitteilt, eine heimliche Hommage verkörpert, als liebevolle Neckerei daherkommt oder harmlose Alberei ist, eine Person veräppelt, eine Lehre verhohnepipelt und womöglich in einer Laune, um einen von Wissen, Moral oder Autorität erzeugten Überdruck herauszulassen, sogar die Sau durchs Seminar treibt: Endgültige Antworten auf philosophische Fragen gibt auch die Anekdote nicht, aber immerhin: komische. Und vielleicht liegt darin das Glück. »Lachen soll man und zugleich philosophieren«, lehrte schon Epikur. Wenn die folgenden Anekdoten dazu anregen, so ist das nicht wenig.

Wenn jemand die Ohren an den Füßen hat

Von Thales bis Plotin

Thales wurde von seiner Mutter gedrängt zu heiraten. Er wehrte ab: »Bei Zeus, es ist zu früh!« Als Thales älter geworden war, setzte ihm die Mutter wieder zu. »Bei Zeus«, rief er, »es ist zu spät!«

Thales soll eigentlich Astronom gewesen sein und nur zwei Werke verfaßt haben, *Über Solstitien* und *Über Äquinoktien*, und alles andere für unerkennbar gehalten haben; ausgenommen die Frage, ob die Nacht oder der Tag eher entstanden sei: »Die Nacht – um einen Tag früher.«

Wie der antike Gewährsmann Diogenes Laertios erzählt, ging Thales einst, von einer alten Frau begleitet, zur Sternenbeobachtung aus und fiel in eine Grube. Den Jammernden verspottete die Frau: »Du willst die Dinge am Himmel erkennen und siehst nicht einmal, was dir zu Füßen liegt?!«

Andere Autoren, Platon zum Beispiel, kolportieren, Thales sei nicht in Begleitung eines alten Weibes, sondern einer jungen Magd »zur Sternenbeobachtung« ausgezogen; doch am wahrscheinlichsten dürfte sein, daß Thales mit einem anderen Astronomen unterwegs war. Vertieft in den Anblick des gestirnten Himmels, merkte der Kollege erst nach einiger Zeit, daß Thales verschwunden war, kehrte um und fand den Philosophen im Brunnenschacht stecken: »Thales, bist du da wirklich hinuntergefallen?« »Nein – wohnen werd ich hier!«

Der Tod unterscheide sich in keiner Weise vom Leben, lehrte Thales. »Warum«, fragte ihn einer, »stirbst du dann nicht?« »Weil es«, entgegnete Thales, »keinen Unterschied macht.«

Als Bias von Priene, der zu den Sieben Weisen Griechenlands zählte, von einem Jüngling gefragt wurde, ob man heiraten solle oder nicht, antwortete er: »Du kannst an eine Schöne geraten oder an eine Häßliche. Die Schöne hast du mit anderen gemein, die Häßliche aber dir zur Pein. Beides ist nicht empfehlenswert. Heirate also besser nicht!«

»Dank für den Rat, großer Bias!« sagte der junge Mann. »Nehme ich mir also eine Häßliche, muß ich sie nicht mit anderen teilen; nehme ich mir aber eine Schöne, leide ich keine Pein – also heirate ich!«

Heraklit war sehr stolz. Er lehrte, daß »viel wissen mit Intelligenz nichts zu tun hat«, und gab als Begründung an: »Sonst hätten sie Hesiod, Pythagoras und Xenophanes gehabt.« Als die Bürger seiner Heimatstadt Ephesos ihn in schwieriger politischer Lage um Rat angingen, beschied er sie, die einfachste Lösung wäre es, wenn sich alle aufhängen würden; die Bitte, ihnen Gesetze zu geben, wies er ab, weil die Stadt ihre schlechte Verfassung verdiene. Er selbst zog es vor, ins Gebirge zu gehen, wo er sich von Gras und Kräutern ernährte, und bekam die Wassersucht. Weil er ärztlichen Rat verschmähte, bekämpfte er sie nach eigenem Rezept und grub sich in Kuhmist ein. Durch die Wärme sollte das Wasser verdunsten, doch statt dessen fanden ihn Hunde, hielten ihn für einen Kadaver und fraßen den Philosophen mit Haut und Haaren auf.

Der Krieg ist der Vater aller Dinge, hatte Heraklit gelehrt. Zweieinhalbtausend Jahre später versuchte Helmuth Graf von Moltke diesen Satz seinem Regiment zu erklären. Doch im entscheidenden Augenblick schwanden ihm die Sinne. Was hatte er sagen wollen? Der Krieg ist die Mutter der Porzellankiste? Die Vorsicht ist die Porzellankiste aller Dinge? Aber ist da nicht der Vater der Wunsch des Gedankens? Also, wie war das! Der Wunsch ist die Porzellankiste der Vorsicht? Der Vater ist der Wunsch der Mutter? Die Mutter ist der Vater aller Dinge? Genug, Moltke kam und kam einfach nicht drauf, und darum muß diese Anekdote ohne eine Pointe schließen.

Paul Schabacker

Zenon von Elea lehrte, daß alles Sein ruhe, und leugnete, daß es Bewegung gebe. Als Beweis führte er den Wettlauf des Achill mit der Schildkröte an. Achilles könne sie nie einholen: »Bis der Wettläufer ihren Vorsprung eingeholt hat, braucht er eine bestimmte Zeit; inzwischen ist die Schildkröte ebenfalls weitergekommen; bis er diesen Vorsprung einholt, ist die Schildkröte neuerdings weiter. Und so immer zu.« Eines Tages brachte einer von Zenons Schülern eine Schildkröte mit, gab ihr einen riesigen Vorsprung und spurtete dennoch knapp vor dem Ziel an ihr vorbei. Zenon: »Ja, mit Gewalt!«

Protagoras hatte einen Schüler in die Kunst der Beredsamkeit eingeweiht. Nach dem Gewinn seines ersten Prozesses sollte dieser das Lehrgeld auszahlen. Der Schüler weigerte sich jedoch hartnäckig, in die Rechtspflege einzusteigen. Endlich verklagte Protagoras ihn und argumentierte so: »Wenn ich den Prozeß gewinne, muß mein Schüler zahlen; gewinnt aber er, muß er ebenfalls zahlen, weil er seinen ersten Prozeß gewonnen hat.« Dagegen plädierte nun der Schüler: »Ich zahle auf keinen Fall. Wenn ich siege, bin ich aus dem Vertrag heraus. Verliere ich aber, so brauche ich sowieso nicht zu zahlen.«

Nachdem der Sophist Prodikos von Keos die Rhetorik erlernt hatte, kehrte er in sein Heimatdorf zurück. Dessen Einwohner beschlossen, den Philosophen ein wenig hochzunehmen: »Prodikos, wir wollen die Sonne verklagen. Wenn wir morgens in die Stadt gehen, scheint sie uns ins Gesicht. Kommen wir abends zurück, scheint sie uns wieder ins Gesicht. Gegen die Einwohner anderer Dörfer beträgt sie sich nicht so ...«

»Kommt übermorgen wieder.«

Sie kamen wieder.

»Ich habe mit der Sonne gesprochen«, sagte Prodikos. »Sie gab mir ihr festes Versprechen, daß – wenn ihr nachmittags in die Stadt geht und morgens von dort zurückkommt – sie euch immer den Rücken zukehren will. Die Sache ist also freundschaftlich beigelegt … Und hier ist die Rechnung.«

Ein Mann fragte Prodikos um Rat, wie er sein Grundstück einfrieden solle.

»Pflanz doch eine Hecke«, schlug Prodikos vor.

»Aber sie stutzen macht zuviel Mühe.«

»Was hältst du von Zypressen?«

»Das sieht wie ein Friedhof aus.«

»Dann vielleicht eine Reihe Pinien.«

»Die fressen die Ziegen auf.«

»Dann solltest du«, sagte Prodikos, »am besten Ziegen anpflanzen, denn Pinien fressen keine Ziegen.«

Der Sophist Hippias von Elis, zugleich ein beliebter Polyhistor und Prunkredner, prahlte vor einem Spartaner: »Erst das Wort macht den Menschen!« Der Spartaner: »Schweig!«

Ein Mann verfolgte einen Flüchtenden und rief Sokrates zu: »Halt ihn auf!« Sokrates rührte sich nicht, der Mann entkam, und der Verfolger fragte den Philosophen, warum er den Mörder nicht aufgehalten habe. »Ein Mörder? Was verstehst du unter einem Mörder?« »Was für eine Frage! Ein Mörder ist jemand, der tötet.« »Also ein Metzger?« »Unsinn, ich meine einen Menschen, der einen anderen Menschen tötet.« »Aha – ein Soldat.« »Aber nein, ich meine jemand, der einen im tiefsten Frieden umbringt.« »Ach so, ein Henker.« »Bei Zeus! Der einen anderen in seinem Haus tötet!« »Jetzt verstehe ich dich. Du meinst einen Arzt!«

Versuch einer Ergänzung von Platons »Gastmahl«

Als nun die meisten eingeschlafen oder gegangen waren, setzten sich Sokrates, Agathon, Aristophanes und Klytos, der Sohn des Alabander, zusammen.

O weiser Klytos, begann Sokrates, sage mir, was schlimmer ist, Durst oder Heimweh?

Zweifellos Heimweh, versetzte Klytos.

Warum? fragte Sokrates. Meinst du nicht auch, daß das Heimweh ein des Menschen würdigeres Gefühl ist als der Durst, den der Philosoph geringachten sollte, da er ihm von der Natur aufgezwungen wird?

Das meine ich zweifellos auch, erwiderte Klytos.

Du erstaunst mich, entgegnete Sokrates. Wie kann dasselbe Gefühl zugleich würdiger und schlimmer sein? Denn ist es nicht so, daß das eine das andere ausschließt?

In der Tat ist es so, mein Sokrates.

Nun, o Klytos, wenn es sich so verhält, wäre es da nicht richtiger zu sagen, daß das Heimweh das würdigere, der Durst aber das schlimmere Gefühl ist?

Das wäre ohne Frage richtiger.

Da du dies eingesehen hast, o mein weiser Klytos, wäre es da zuviel verlangt, wenn du aufstehen würdest und danach schautest, ob sich irgendwo noch etwas zu trinken befindet? Wie ich sehe, ist die Rundschale leer, und wer, glaubst du, wird eher Gefahr laufen, Durst zu leiden: derjenige, der etwas zu trinken hat, oder derjenige, der nichts …

Schon gut, mein Sokrates, versetzte Klytos, ich gehe ja schon.

Nach einer Weile kehrte er zurück und hörte den Schluß eines Gesprächs mit an, in dem Sokrates die beiden Dichter zuzugeben zwang, daß zwischen der Malerei und dem Kriegshandwerk ein Unterschied sei. Darauf füllte er Wein in eine große Schale, und sie begannen, rechtsherum zu trinken.

O mein Aristophanes, begann Sokrates, ich sehe, daß du am Einschlafen bist. Kannst du mir vorher noch eine Frage beantworten?

Gern, mein Sokrates.

Du bist ein berühmter Mann, o Aristophanes, und die Menge liebt dich, weil du sie lachen machst, ich dagegen verstehe nichts vom Handwerk des Dichters. Wirst du mir verzeihen, wenn dir die Frage töricht erscheint?

Nein, o mein Sokrates, erwiderte Aristophanes.

Wieso *nein*, o Aristophanes? Meintest du nicht *ja*, und die Müdigkeit drehte dir das Wort im Munde herum, wie das Volk sagt?

Zweifellos, versetzte Aristophanes.

Dann darf ich also die Frage stellen, o mein Aristophanes?

Nie und nimmer, o Sokrates, entgegnete dieser.

Wie soll ich diesen Widerspruch lösen? Einmal sagst du, ich dürfe sie stellen, und dann wieder, ich dürfe sie nicht stellen.

Wer könnte das bestreiten, erwiderte Aristophanes.

An dieser Stelle wachte Agathon auf, der ein wenig eingenickt war, und sagte: Das ist zweifellos richtig.

Mein Agathon, versetzte hierauf Sokrates, bist du dem Gespräch bis jetzt gefolgt, oder hast du nicht vielmehr geschlafen?

Ich habe geschlafen, entgegnete Agathon.

Findest du es, o Weiser, richtig, in einem Gespräch eine Meinung zu äußern, an dem man nicht teilgenommen hat, weil man währenddessen schlief?

Das ist ohne Frage richtig, antwortete Agathon.

Folgt daraus nicht, daß du besser daran tätest, weiter zu schlafen, als deine Meinung kundzutun?

Freilich täte ich daran besser, o Sokrates.

Nun, mein Agathon, so tue es auch.

Agathon folgte den Worten des Sokrates und legte sich wieder hin, nachdem er einen Schluck aus der Schale genommen hatte.

Nun zu dir, mein Aristophanes, sagte Sokrates und gab ihm einen Stoß. Bist du nicht auch der Meinung, daß ein Komödienschreiber zugleich ein Tragödienschreiber sein muß und daß, wenn einer die eine Kunst beherrscht, er notwendig auch in der anderen Meister ist?

Darauf öffnete Aristophanes seine Augen und sagte: Wie könnte es anders sein.

Während der letzten Worte waren auch Agathon und Klytos aufgewacht, sie nickten jedoch gleich wieder ein.

Sokrates vertrieb sich die Zeit ein wenig damit, dem Rundgefäß einzureden, daß es schon einmal voller gewesen sei, doch als es keine Antwort gab, stand er auf und ging.

Robert Gernhardt

Xanthippe hatte einen Eimer Wasser über Sokrates ausgeschüttet. Als Freunde des Philosophen sie deshalb tadelten, sagte sie: »Was bei Sokrates nicht als Unrecht gilt, das kann auch bei mir nicht als Unrecht gelten. Nun täte Sokrates nichts Böses, wenn er einen Eimer Wasser über sich ausschüttet; also auch ich nicht, wenn ich einen Eimer Wasser über ihm ausschütte.«

Als Sokrates im Gefängnis auf die Vollstreckung des Todesurteils wartete, beschäftigte er sich noch mit Geometrie. »Ist das die richtige Zeit dafür?« fragte der Wächter. »Morgen bist du doch schon tot!« »Soll ich etwa«, wunderte sich Sokrates über die Frage, »danach Geometrie treiben?«

Als Sokrates den Schierlingsbecher zum Mund führte, schrie Xanthippe, er müsse nun unschuldig sterben. »Meinst du«, fragte Sokrates zurück, »es sei besser für mich, wenn ich schuldig in den Tod ginge?«

»Ich weiß, daß ich nichts weiß«, hatte Sokrates behauptet. »Dann weißt du immerhin mehr als ich«, sagte Metrodor von Chios und unterbot ihn noch an Bescheidenheit: »Ich weiß nicht einmal, daß ich nichts weiß ...«

Antisthenes wollte beim Volksfest der Isthmischen Spiele eine Rede über Fehler und Vorzüge der Athener, Thebaner und Spartaner halten. Doch als er die Masse der Teilnehmer und Zuschauer aus diesen Städten sah, schwieg er lieber und sagte: »Es sind zu viele Nachteile ...«

Als Beweisverfahren bevorzugt Platon die induktive Methode. Es gibt die Induktionsform durch Widerspruch und die durch Folgerung. Bei der ersten folgt auf die vorgelegte Frage mit jeder Antwort ein Widerspruch, z. B.: »Wenn der Mensch kein Lebewesen ist, würde er Stein oder Holz sein. Nun ist er aber weder Stein noch Holz, denn er ist beseelt und hat Eigenbewegung, also ist er ein Lebewesen. Wenn er aber ein Lebewesen ist, Lebewesen jedoch auch Hund und Kuh sind, so wäre der Mensch als Lebewesen auch Hund und Kuh.«

Diogenes Laertios III,53 f.

Platon hatte die Definition aufgestellt, der Mensch sei ein zweifüßiges Tier ohne Federn. Als Diogenes von Sinope davon hörte, besorgte er sich einen Hahn, rupfte ihm die Federn aus und rief: »Hier hast du deinen Menschen, Platon!« – Platon hielt seine Definition trotzdem aufrecht, fügte aber hinzu: »Mit platten Nägeln.«

Platon wurde vorgeworfen, daß viele seiner Deduktionen – etwa daß die Welt eine Figur von zwölf Fünfekken sei oder daß das Feuer die Gestalt einer Pyramide habe und durch Zahlen an die Erde gebunden sei – der Erfahrung leider nicht standhielten. Platon souverän: »Dann hat die Erfahrung eben unrecht.«

Als Platon die Ideen erörterte und von Tischheit und Becherheit sprach, meinte Diogenes von Sinope: »Tisch und Becher, Platon, sehe ich, Tischheit und Becherheit aber ganz und gar nicht.« Darauf Platon: »Natürlich nicht, denn Augen, um Tisch und Becher zu sehen, hast du, Augenheit, um Tischheit und Becherheit zu schauen, aber nicht.« »Augenheit?!« staunte Diogenes. »Verstand wollte ich sagen!« rief Platon, aber Diogenes winkte ab: »Wärst du nicht Platon, so wäre das, was du sagst, nicht bloß dumm, sondern schon Dummheit.«

Diogenes bat Platon um Wein und ein paar Früchte. Der schickte ihm gleich eine volle Amphore und eine ganze Kiste Obst. Diogenes: »Wenn man dich fragt, wieviel 2 + 2 sind, antwortest du wahrscheinlich: 20!«

Diogenes hatte Wein, Feigen und Fleisch von einem Reichen gemopst. Als der ihn zur Rede stellte, bewies Diogenes, wie unrecht sein Vorwurf sei: »Den Weisen gehört alles, dir aber nichts. Denn, mein Lieber: Alles gehört den Göttern; die Götter sind Freunde der Weisen; Freunde haben alles gemeinsam; also gehört alles den Weisen.« Und schmauste weiter.

Als jemand wissen wollte, welchen Wein er gerne trinke, antwortete Diogenes: »Den der anderen!«

Diogenes Laertios VI,54

Diogenes war in dem prächtigen Haus eines reichen Mannes zu Gast. Alles war sauber, vornehm und glitzerte vor Luxus. Nach einiger Zeit mußte sich Diogenes räuspern und spuckte den Auswurf dem Hausherrn genau ins Gesicht. »Einen passenderen Ort«, entschuldigte er sich, »konnte ich hier nicht finden.«

Jeder Ort diente Diogenes zu allem, wie Frühstücken, Schlafen, Disputieren. So zeigte er denn auf die Säulenhalle des Zeus und auf das Pompeion und meinte, das hätten ihm die Athener als Wohnstätte errichtet.

Einmal hatte er jemanden beauftragt, ihm ein Häuschen zu besorgen. Als der damit zögerte, wählte er als Behausung ein Faß.

Einmal sah er ein Kind, das aus den Händen trank; da warf er den Becher aus seinem Rucksack weg und bemerkte: »Ein Kind hat mich in der Genügsamkeit übertroffen.« Auch seine Schüssel warf er weg, als er ein Kind beobachtete, das seinen Teller zerbrochen hatte und nun für seinen Linsenbrei ein hohles Brotstück als Gefäß benutzte.

Während er sich einmal im Kraneion [dem Gymnasion von Korinth] sonnte, trat Alexander an ihn heran und sagte: »Wünsch dir, was du möchtest!« Und er: »Geh mir aus der Sonne!«

Diogenes Laertios VI,22f. und 37f.

»Warum freust du dich?« fragte Diogenes einen jungen Mann. »Ich habe den Sieg bei der Olympiade errungen«, erwiderte der stolz, »ich habe alle Mitstreiter besiegt!« »Was für eine Ehre«, versetzte Diogenes, »ist es, Schwächere zu besiegen?«

Als einer im Heiligtum von Samothrake die vielen Votivgaben bestaunte, die aus Seenot Gerettete gespendet hatten, versetzte Diogenes ruhig: »Es wären noch viel mehr, wenn auch die nicht Geretteten etwas gestiftet hätten.«

Diogenes hörte sich den Vortrag eines fremden Philosophen an. Danach gab er sein Urteil ab: »Das eine zwar gab dir der Vater Zeus, doch das andre versagte er.« »Wie meinst du das?« Diogenes erklärte: »Schlecht zu philosophieren, das gab er dir, aber schön zu reden, das hat er dir versagt.«

»Gar nicht geboren zu sein«, zitierte jemand tiefsinnig den berühmten Vers des Theognis, »das ist bei weitem das beste.« »Aber«, versetzte Diogenes, »unter 100 000 passiert das kaum einem!«

Diogenes verkündete, die Götter hätten den Menschen das Leben leicht gemacht, nur sei das bei der Suche nach Leckereien, Parfüms und dergleichen in Vergessenheit geraten. So sagte er einmal zu jemandem, der sich von seinem Sklaven die Sandalen binden ließ: »Ganz glücklich bist du bestimmt erst, wenn er dir noch die Nase putzen muß! Aber tröste dich, das geschieht spätestens, wenn dir die Hände gelähmt sind!«

Ein Spießbürger stellte sich Diogenes in den Weg: »Ich weiche keinem Schurken aus!« Diogenes trat zur Seite: »Aber ich!«

Einer seiner Feinde versetzte Diogenes einen Hieb und rief: »Dreitausend Drachmen Schmerzensgeld liegen für dich auf der Bank!« Tags darauf nahm Diogenes einen

Schlagriemen, verdrosch den Übeltäter und rief: »Dreitausend Drachmen Schmerzensgeld liegen für dich auf der Bank!«

Als Diogenes nach Myndos reiste und die großen Tore und die kleine Stadt sah, rief er: »Leute, schließt die Tore, damit euch die Stadt nicht wegläuft!«

Diogenes Laertios VI,57

In Megara sah Diogenes die Schafe in ihrer Wolle herumlaufen, die Kinder aber splitterfasernackt. »Also«, folgerte er, »ist es besser, ein Schaf als der Sohn eines Megarers zu sein.«

Beim Verlassen des Badehauses wurde Diogenes gefragt, ob viele Menschen darin wären, was er verneinte. Ein anderer fragte, ob viel Pöbel im Bad wäre. Diogenes: »Allerdings!«

Diogenes bettelte bei einem Geizhals, der ihn lange vertröstete. »Mein Freund«, ermunterte Diogenes ihn, »ich bitte dich um Essen und nicht um meine Begräbniskosten.«

Diogenes war fast immer in der Klemme und hungrig. Eines Abends war er bei einem Reichen eingeladen, der jedem Wein anbot. Der eine nahm ihn pur, der andere mit Wasser, der dritte mit Gewürzen. Als Diogenes an der Reihe war, sagte er: »Ich wünsche ihn mit Schweinebraten.«

Ein junger Mann bat Diogenes um Rat: »Ich möchte ein Werk schreiben, das noch keiner vor mir geschrieben hat und niemand nach mir schreiben wird!« Diogenes: »Schreib deinen Nekrolog.«

Aristipp bat Dionysios, den Tyrannen von Syrakus, um einen Gefallen, fand aber kein Gehör. Da fiel er zu Boden und küßte dem Tyrannen die Füße. Die Bitte wurde gewährt. Später warf man ihm sein unterwürfiges Verhalten vor. »Wieso?« fragte Aristipp. »Was kann ich dafür, daß Dionysios seine Ohren an den Füßen hat?«

Der wahre Philosoph gerate nie in Verlegenheit, hatte Aristipp gelehrt. Als er einmal Dionysios um Geld bat, hielt der ihm den Satz vor. »Gib mir das Geld«, sagte Aristipp, »und ich werde dir beweisen, daß ich recht habe.« Dionysios war gespannt und gab es ihm. »Nun«, sagte Aristipp, »bin ich in Verlegenheit geraten?«

Als jemand Aristipp ein rätselhaftes Problem mit der Bitte um Lösung vorlegte, sagte er: »Was denn, du Trottel, du willst lösen, was uns schon ungelöst so viel Schwierigkeiten macht?«

Diogenes Laertios II,70

Einer wollte seinen Sohn zum Unterricht bei Aristipp anmelden. Der aber verlangte ein Honorar von 500 Drachmen. »Dafür kann ich mir ja einen Sklaven kaufen!« rief der Vater. »Tu das«, gab Aristipp zurück, »dann hast zu zwei.«

Der Tyrann Dionysios von Syrakus haßte die Kreter und erließ ein Gesetz, wonach jeder Kreter, der in die Stadt kam, über sich aussagen mußte: Log er, sollte er gehängt werden, sprach er die Wahrheit, sollte er geköpft werden. Eines Tages erschien ein Kreter am Stadttor, und die Wache befahl ihm, auszusagen. Er sagte: »Ich werde heute gehängt werden.« Der Wächter trug die Aussage dem Tyrannen vor. »Das ist ein schwieriger Fall«, meinte er. »Wenn ich den Kreter hänge, würde das bedeuten, daß er die Wahrheit gesagt hat. Aber wenn er die Wahrheit gesagt hat, müßte er geköpft werden. Wenn ich ihn aber köpfen lasse, so würde das bedeuten, daß er gelogen hätte. Für eine Lüge müßte er aber nach dem Gesetz gehängt werden. Verfluchter Kreter! Laß ihn laufen!«

Xenokrates von Chalkedon brüstete sich vor einem Rivalen: »Ein Philosoph ist immer auf der Suche nach der Tugend.« Darauf der andere: »Besser wäre es, sie auch einmal zu finden.«

Als Aristoteles hörte, jemand verleumde ihn, sagte er: »Wenn ich nicht dabei bin, kann er mich meinetwegen verprügeln.«

Diogenes Laertios V,18

Ein durchreisender Philosoph hielt einen langweiligen, monotonen Vortrag. Nach einer vollen Stunde nickte Aristoteles endlich ein. Der Redner merkte das und fragte spitz: »Mußt du eigentlich schlafen, während ich spreche?« »O nein«, schreckte Aristoteles hoch, »das tue ich freiwillig.«

Um seinen Schlaf abzukürzen und so rasch wie möglich zum denkenden Dasein zurückzukehren, pflegte Aristoteles, wenn er sich zur Ruhe legte, eine eherne Kugel in die Hand zu nehmen, unter der eine Schüssel aufgestellt war. Wenn beim Schlafen die Kugel in das Gefäß fiel, wurde er durch den Lärm aufgeschreckt und konnte sein Philosophieren fortsetzen. Als einmal ein Frechdachs die Schüssel weggenommen hatte, schlief Aristoteles ungewöhnlich lange, und als er endlich aufgestanden war, lief er benommen herum und sagte seinen Schülern, die auf die Fortsetzung des Unterrichts warteten: »Ein sonderbarer Traum! Wir wollen warten, bis ich aufgewacht bin.«

Der Zyniker Krates von Theben wurde nach einem Mittel gegen die Liebesleidenschaft gefragt. Er antwortete: »Ein Mittel ist Hunger. Ein besseres – die Zeit. Das beste – ein Strick.«

Krates hatte sein Geld bei einem Bankier deponiert. »Zahl es meinen Kindern aus«, verfügte Krates, »falls sie sich zu Einfaltspinseln entwickeln.« »Und wenn sie

Philosophen werden?« fragte der Bankier. »Dann sind sie bedürfnislos, und du verteilst das Geld unters Volk«, sagte Krates.

Metrokles aus Maroneia, der zunächst beim Peripatetiker Theophrast hörte, war so labil, daß er, als er einst während einer Schulübung einen Furz fahren ließ, sich aus Verzweiflung zu Hause einschloß, um den Hungertod zu sterben. Krates erfuhr davon, ging auf Bitten und nach gehörigem Genuß von Lupinen zu ihm und suchte ihm durch Argumente zu beweisen, daß er nichts Schlechtes getan habe und es eher ein Wunder wäre, wenn nicht auch die Winde auf natürlichem Wege entwichen. Schließlich ließ er selbst einen Furz fahren, und so richtete er ihn durch die gleiche Tat wieder auf. Von da an wurde Metrokles sein Hörer und ein bedeutender Mann in der Philosophie.

Diogenes Laertios VI,94

Mitten in einem Gespräch mit Krates lief Stilpon von Megara fort, um Fisch zu kaufen. Krates wollte ihn aufhalten: »Du läßt das Problem im Stich?« Stilpon: »Keineswegs! Denn das Problem nehme ich mit, nur dich lasse ich im Stich; das Problem nämlich bleibt, aber der Fisch ist schnell ausverkauft.«

Theodoros, einer der Schüler des Aristipp, scheint auch »Gott« genannt worden zu sein; so hat ihn Stilpon folgendes gefragt: »Sag mal, Theodoros, was du zu sein behauptest, das bist du auch?« Als jener nickte, meinte er:

»Du behauptest aber, Gott zu sein?« Als Theodoros zustimmte, bemerkte Stilpon: »Also bist du Gott!« Da Theodoros das bereitwillig akzeptierte, rief Stilpon lachend: »O du Halunke, mit dieser Logik könntest du dich auch für eine Dohle und sonstwas erklären.«

Diogenes Laertios II,100

Als jemand bei einem Symposion keinen Ton sagte, meinte Stilpon zu ihm: »Wenn du ein Dummkopf bist, hast du dich klug verhalten.« »Aber ich bin ein kluger Mann!« versetzte der andere. »Dann«, sagte Stilpon, »bist du dumm.«

»Wieviel Beine hat ein Pferd, wenn man seinen Schweif Bein nennt?« fragte Zenon von Kition seine Schüler. »Fünf«, antworteten sie. »Ihr irrt«, beschied Zenon sie, »denn auch, wenn man einen Schweif Bein nennt, wird kein Bein daraus.«

Zu den Lehrern Alexanders des Großen hatte der Rhetoriker Anaximenes aus Lampsakos gehört. Diese Stadt war von Alexander nun abgefallen, und er beschloß, sie zu zerstören. Da kam Anaximenes heraus, um Gnade für seine Vaterstadt zu erbitten. Alexander rief ihm schon von weitem zu: »Ich schwöre bei allen Göttern, daß ich nicht tun werde, worum du mich bittest.« Anaximenes: »Zerstöre Lampsakos!«

Menedemos' Reflexionen waren nicht leicht nachzuvollziehen, und in der Gedankenkombination hatte er kaum seinesgleichen. Er war auf allen Gebieten versiert und ein Argumentationskünstler, also ein großer Disputierer. Besonders liebte er Gespräche dieser Art: »Ist das eine vom anderen nicht verschieden?« »Ja.« »Ist aber nicht Wohltätigkeit vom Guten verschieden?« »Ja.« »Also ist Wohltätigkeit nichts Gutes.«

Diogenes Laertios II,134

Menedemos stritt sich mit einem Schüler über ein Erkenntnisproblem. Endlich rief der junge Mann: »Aber das kann ich beweisen!« Menedemos unbeeindruckt: »In der Philosophie kann man gar nichts beweisen.« Nach einer Pause: »Und wenn – dann nicht du.« Schließlich: »Und wenn du – dann nicht mir.«

Menedemos war Platoniker, der freilich mit der Dialektik seinen Ulk trieb. So sagte er auf die Frage, ob er endlich aufgehört habe, seinen Vater zu verprügeln: »Ich habe weder geprügelt noch aufgehört.« Als man ihm vorhielt, daß es zur Lösung der Frage notwendig sei, mit Ja oder Nein zu antworten, erwiderte er: »Es ist doch albern, mich erst auf eure Spielregeln einzulassen, wenn ich gleich zu Beginn alles abwehren kann.«

Diogenes Laertios II,135

Jemand behauptete: »Alles geschieht mit Notwendigkeit.« Epikur widersprach: »Nein, eben nicht alles geschieht mit Notwendigkeit.« »Wie kannst du mir widersprechen?« fragte der andere. »Eben das«, erwiderte Epikur, »geschieht mit Notwendigkeit.«

Man hielt Kleanthes vor, ängstlich zu sein. »Gewiß!« rief er. »Deshalb mache ich auch so wenig Fehler!«

Kleanthes erläuterte einem Schüler ein schwieriges Problem, der dazu eifrig nickte. Am Ende fragte Kleanthes den Schüler, ob er alles begriffen habe. Der nickte wieder. Kleanthes: »Und warum begreife ich nicht, daß du's begriffen hast?«

Als jemand Kleanthes sein hohes Alter vorwarf, bemerkte er: »Eigentlich will ich mich ja davonmachen, aber wenn ich bedenke, daß ich rundum gesund bin, schreibe und lese, dann bleib' ich noch.«

Diogenes Laertios VII,174

Chrysipp, ein Schüler des Kleanthes, trieb gern Schabernack mit der Logik. »Eine Schneeflocke ist kein Hagelkorn. Schnee sieht weiß aus. Hagel also – nicht«, deduzierte er zum Beispiel, oder: »Was einer sagt, geht durch dessen Mund; wer also ›Wagen‹ sagt, dem geht ein Wagen durch den Mund.« Doch manchmal traf er auf einen Ebenbürtigen. So sagte er einmal zu einem

Mann: »Du bist kein Pferd«, und folgerte: »Ein Pferd ist ein Lebewesen. Folglich gehörst du nicht zu den Lebewesen.« Der andere entgegnete: »Aber ich bin ein Mensch. Ich bin nicht du. Also bist du kein Mensch!«

Sphairos vom Bosporus weilte am Hof des Ptolemaios Philopator in Alexandrien. Als die Rede darauf kam, daß auch der Weise ungewisse Meinungen haben könne, und Sphairos das leugnete, ließ der König Äpfel aus Wachs auftischen. Sphairos fiel darauf herein, und der König rief, nun habe er einer falschen Vorstellung zugestimmt. Geschickt argumentierte Sphairos, seine Zustimmung bezöge sich nicht darauf, daß es wirklich, sondern nur, daß es wahrscheinlich Äpfel seien; denn die erfassende Vorstellung sei etwas anderes als das Wahrscheinliche. Das Wahrscheinliche aber sei vom Erkenntnisvermögen als eine dem Wahrnehmungsvorgang nachgeschaltete und zugleich übergeordnete Vorstellung niemals falsch, sondern – »Ja, schon klar«, murmelte der König und biß verwirrt in einen der wahrscheinlichen Äpfel.

Demonax hörte zwei Philosophen zu: Der eine stellte unsinnige Fragen, und der andere gab Antworten, die nichts mit der Sache zu tun hatten. Schließlich mischte sich Demonax ein: »Kommt es euch beiden nicht vor, als würde der eine einen Bock melken und der andere ein Sieb darunterhalten?!«

Ein Freund Ciceros pflegte sich für jünger auszugeben, als er war. Staunte Cicero: »Dann warst du also, als wir zusammen zur Schule gingen, noch gar nicht auf der Welt?«

Ein Anwalt rief bei einem Prozeß, um Mitleid mit seinem Klienten zu wecken: »Seine Mutter hat ihn neun Monate unter ihrem Herzen getragen!« »Was soll das heißen?« fragte Cicero zurück. »Tragen andere Mütter ihre Kinder in einem Rucksack aus?«

Als Cicero im Circus Maximus den Spielen zuschaute, kam einer seiner Gegner auf der Suche nach einem Sitzplatz an ihm vorbei. »Ich würde dir hier schon einen Platz anbieten«, sagte Cicero, »aber es ist zu eng.« »Daß es dir eng vorkommt, wundert mich nicht«, versetzte der andere, »du sitzt ja immer zwischen den Stühlen.«

Gefragt, was ein Mann sei, der beim Ehebruch erwischt wird, antwortete Cicero: »Langsam.«

Mitten im Winter umarmte Epiktet die schneebedeckten Statuen, um sich abzuhärten. »Ist dir nicht kalt?« fragte ihn ein Mann. »Überhaupt nicht«, erwiderte Epiktet. »Nun«, darauf der andere, »was glaubst du mit dieser Übung dann Schweres und Vorbildliches zu vollbringen?«

»Der gebildete und bescheidene Mensch sagt zu der alles spendenden und wieder nehmenden Natur: Gib, was du willst, und nimm, was du willst. Doch sagt er dies nicht mit trotzigem Sinne, sondern mit Gehorsam und Gelassenheit«, philosophierte Marc Aurel auf seinem Nachtlager. Die Gattin, die Migräne gehabt hatte, fragte vorsichtig: »Höre ich da ein leises Grummeln?«

Plotin war überzeugt, daß er Gott sei. Als ein Freund, der ein eifriger Opferer war, ihn aufforderte, zu einem Kultfest des Zeus mitzukommen, lehnte Plotin ab. »Warum sollte ich Zeus opfern?« fragte er. »Er opfert mir doch auch nicht.«

Plotin schämte sich, einen Körper zu haben. Er verzichtete auf Massagen, wusch sich nicht und nahm keine Arzneien, so daß sich eine bösartige Hundebräune bei ihm festsetzte und seine Hände und Füße eiterten. Seine Schüler pflegte er mit einer herzlichen Umarmung zu begrüßen.

Ein zerstreuter Gelehrter hatte geträumt, er sei in einen Nagel getreten, und verband sich deshalb den Fuß. Ein Kollege fragte ihn nach dem Grund und sagte dann: »Du Narr, warum gehst du ohne Schuhe zu Bett!«

Ein Schüler der Philosophie besuchte seine Eltern auf dem Dorf. »Was treibst du da eigentlich an der Akademie?« wollte der Vater wissen. »Ich lerne zu philosophieren«, sagte der Sohn, »wir behandeln jetzt die Sophistik.« »Was ist denn das?« »Damit kann ich dir zum Beispiel beweisen, daß du nicht hier bist, sondern ganz woanders.« »Da bin ich aber gespannt.« »Also paß auf: Bist du jetzt in Athen oder woanders, Vater?« »Woanders natürlich.« »Na bitte: Wenn du woanders bist, dann bist du nicht hier!« Der Alte dachte nach. Plötzlich gab er dem Sohn eine Ohrfeige. »Au!« rief der Sohn. »Was schlägst du mich?!« »Wie kann ich dich schlagen«, versetzte der Alte, »ich bin doch gar nicht hier!«

Ein Philosoph betrachtete nachdenklich einen Stein: »Wer sagt mir, daß das ein Stein ist?« Dann betrachtete er einen Baum: »Wer sagt mir, daß das ein Baum ist?« »Ich sage es dir«, rief ein Mann. Der Philosoph betrachtete ihn: »Wer bist du, daß du dir anmaßt, eine Antwort auf meine Fragen zu geben?« Der Mann sagte: »Ich bin ein Mensch.« Der Philosoph: »Wer sagt mir, daß du ein Mensch bist?«

Nach Luigi Malerba

Wenn der Philosoph mit seinen Schülern zusammen war, sagte er ab und zu »Idee«, »Stoa«, »Eleatik« oder »Atomismus«. Wenn sie ihn fragten, was diese Wörter bedeuten, antwortete er, daß die Welt aus Wörtern gemacht sei und ohne Wörter es keine Welt gäbe. »Auch keine Philosophen?« fragte ein Schüler.

Nach Luigi Malerba

Das Kamel

Ein Kamel durchschritt einst einen rasch strömenden Fluß. Da verrichtete es seine Notdurft, und als es seinen Mist vor sich auf der gewaltigen Strömung des Wassers schwimmen sah, sagte es: »Was ist das? Ich sehe ja das Hintere jetzt vor mir.«

Äsop

Drei Engel auf der Nadelspitze

Von Jesus bis Luther

Und während die Kinder spielten, nahm ein Knabe einen Weidenzweig und zerstörte die Grube, in der Jesus das klare Wasser gesammelt hatte, und dieser Knabe war der Sohn des Schriftgelehrten Hannas.

Als Jesus sah, was jener an seinem Werk angerichtet hatte, da ergrimmte er und schrie: Du Frecher, du Gottloser, du Dummkopf! Was haben dir die Gruben und das Wasser zuleide getan? Siehe, auch du sollst jetzt verdorren, wie ein Baum ohne Wasser. Ohne Wurzel soll dein Schoß sein, und deine Frucht soll vertrocknen, wie ein Zweig, den der Wind abgebrochen hat, und ist nicht mehr.

Und sogleich verdorrte jener Knabe ganz und gar. Jesus aber ging heim in das Haus des Joseph.

Das Evangelium nach Thomas dem Israeliten

Es war Joseph, der Vater Jesus', ein Zimmermann, der Pflüge und Joche machte. Doch einmal kam ein Reicher und wollte, daß er ihm ein Bett zimmere. Und Joseph tat dies, doch als er es zusammenfügen wollte, da waren die beiden Seitenbretter ungleich und keiner wußte, was zu tun sei. Da hieß der Jesusknabe seinen Vater die beiden Hölzer aufeinanderlegen, daß sie an einem Ende im Gleichen waren. Und Joseph tat, wie es der Knabe verlangt hatte.

Da faßte Jesus das kürzere Holzstück und zog daran und machte es dem anderen gleich. Und als Joseph dies gesehen hatte, staunte er sehr und umarmte das Kind und küßte es und sprach: Selig bin ich, daß mir Gott diesen Knaben geschenkt hat.

Das Evangelium nach Thomas dem Israeliten

Aus dem Leben eines Heilands

Ganze zwölf Lenze zählte das Jesuskind, da trat es gegen den Willen seines Vaters aus der Kirche aus. Joseph: »Wohl getan, mein Bub! Wenn du jetzt die Steuern sparst, kannst du später mal selbst eine Kirche aufmachen!«

*

Nachdem Jesus die Kaufleute aus dem Tempel vertrieben hatte, ging er hin zu einem von ihnen und bat um ein zinsgünstiges Darlehen zur Finanzierung seiner weiteren Lehrtätigkeit. Der Kaufmann willigte ein und sprach: »Geht klar. Komm morgen in den Tempel!«

*

Siehe, wie Jesus kam in die Stadt Jericho, da folgte ihm ein Tauber nach. Jesus aber lachte und sprach: »Sperr die Löffel auf!«

»Heureka!« rief da der alsogleich Geheilte, »ich kann wieder hören!«

»Na wunderbar«, scholl es ihm von den umstehenden Pharisäern und Schriftgelehrten entgegen. Sehen konnte er diese allerdings nicht mehr.

*

Beim besten Maler Judäas hatte Jesus ein Porträt in Auftrag gegeben. Doch als er kam, es abzuholen, war er sehr enttäuscht: sah das Bildnis doch Barrabas gar zu ähnlich. Jesus lobte gleichwohl den Künstler: »Brav, Meister! Du hast recht getan, denn von Gott soll man sich kein Bild machen.«

Jesus aber ging fortan zu den Kubisten.

*

Jesus wurde einmal gefragt, ob er einem Blinden etwas vorsingen könne. Ohne sich lange zu besinnen, zeigte er sich dazu sofort bereit. Nachdem er aber gemerkt hatte, in welche Falle er getappt war, sang er so leise, daß selbst der Blinde ihn nicht hören konnte.

*

Jesus hatte dem heiligen Geist tüchtig zugesprochen und übergab sich vor den Augen seiner 24 Jünger. Diese aber wagten nicht, das Erbrochene anzurühren, und verharrten ehrfürchtig. Jesus aber lachte und schalt: »Was steht ihr da und glotzt? Macht lieber Wasser zu Wein!«

*

Eines Tages murrten die Jünger wider Jesum, daß sie alles verlassen hätten für nichts denn das ewige Leben. Da schnaubte Jesus und sprach: »Meinet ihr, daß ich hergekommen bin, Frieden zu bringen? Nein, sondern Zwietracht. Und des Menschen Feinde werden seine eigenen Hausgenossen sein. Denn von nun an werden fünf in einem Haus uneins sein, drei wider zwei und zwei wider drei. Oder vier wider zwei und drei wider sieben. Oder –«

»Oder zwölf wider einen!« riefen die Jünger. Und Jesus schwieg.

*

Einst entdeckte Jesus beim Baden einen Steg, der quer durch den See Genezareth führte. Und anderntags vollbrachte er mal wieder ein Wunder.

*

Der Messias wurde einst gefragt, was um Himmels willen man sich unter dem Reich Gottes vorstellen solle. Da antwortete er: »Das Reich Gottes ist einem Sauerteig gleich, welchen ein Weib nahm und vermengte ihn unter drei Scheffel Mehl, bis daß es ganz durchsäuert ward.«

Da hatte es auch der Dümmste begriffen.

*

Als Jesus bei Simon dem Aussätzigen zu Gast weilte, trat eine Frau zu ihm und schüttete einen Eimer Schmieröl über ihm aus. Da erzürnten seine Jünger und schimpften: »Diesen Eimer Schmieröl hätten wir für 300 Silberlinge verkaufen und das Geld den Armen geben können!« Jesus aber widersprach: »Was bekümmert ihr die Frau? Sie wollte ein gutes Werk an mir tun. Oder bin ich euch nicht einmal 300 Silberlinge wert?«

*

»Sehet euch vor vor den falschen Propheten!« sagte Jesus einmal vertraulich zu Matthäus. Der, nicht faul, schrieb es gleich in sein Notizbuch hinein.

*

Jesus hatte sich zum Abendmahl verspätet und fand die Tür zum Eßzimmer verschlossen. Wie sehr verwunderten sich aber seine Jünger, als er trotzdem plötzlich mitten unter ihnen stand! »Er ist durch die Wand geschritten«, munkelten sie. Jesus aber sagte nichts, schloß das Fenster und setzte sich zu Tische.

*

Einmal begegnete Jesus eine Frau, die sich ihm als Tochter Gottes vorstellte. Doch Jesus ging hin und heilte sie.

*

Jesus sah sich oft den Himmel an. Einmal machte er Regen.

*

Als Jesus auf dem Esel in Jerusalem einritt, rief das gaffende Volk: »Seht, da kommen die beiden!«

Paul Schabacker / Hardy Siedler

Jesus wandelte seit dem Morgen mit seinen Jüngern von Jerusalem nach Betlehem. Gegen Mittag sagte er: »Nehme ein jeder von euch einen Stein.« Elf von ihnen hoben einen großen Stein auf, nur Petrus nahm einen kleinen. Jesus segnete die Steine und sprach: »Seid Brot.« Siehe, die Steine wurden Brot, und alle aßen und wurden satt, bis auf Petrus. Sie wanderten weiter bis zum Abend, und wieder sagte Jesus: »Nehme ein jeder von euch einen Stein.« Diesmal hoben alle einen kleinen Stein auf, nur Petrus nahm einen großen. Jesus aber ging hin zu ihm, legte seine Hände auf den Stein und sprach: »Petrus, auf diesen Felsen will ich meine Kirche bauen.« »Das wirst du nicht tun«, erwiderte Petrus. »Du wirst den Stein in Brot verwandeln. Ich bin hungrig!«

Jesus, Petrus und Judas hatten nur eine Taube zum Abendessen. Jesus sagte: »Das ist zu wenig. Legen wir uns schlafen, und wer den schönsten Traum hat, darf die Taube essen.« Am anderen Morgen sagte Petrus: »Ich habe geträumt, ich saß im Himmel zur Rechten Gottes.« »Und ich«, sprach Jesus, »träumte, daß du zu meiner Rechten saßest.« »Und mir träumte«, meinte Judas, »ich hätte die Taube gegessen.« Er hatte sie wirklich gegessen.

Lange nach Jesu Tod und Auferstehung erzählten sich die Christen immer neue Geschichten von seinen Wundertaten. »Ich will euch einmal berichten, was ich selbst erlebt habe«, meinte ein alter Mann. »Ein Gelähmter kam auf Krücken zum Messias und bat ihn, ein Wunder zu tun. Jesus segnete ihn und rief: ›Wirf deine Krücken fort!‹«

»Und?« fragten die Zuhörer gespannt.

»Was soll ich euch sagen – hingefallen ist der Mann!«

»Aber das ist doch kein Wunder!«

»Wunder ist es keins, aber ich bin dabeigewesen.«

Und als der Tag der Pfingsten erfüllt war, waren sie alle beieinander an einem Ort.

Und es geschah plötzlich ein Brausen vom Himmel wie eines gewaltigen Windes und erfüllte das ganze Haus, da sie saßen.

Und es erschienen ihnen Zungen, zerteilt, wie von Feuer; und es setzte sich auf einen jeglichen unter ihnen, und sie wurden alle voll des heiligen Geistes und fingen an zu predigen in andern Zungen, wie der Geist ihnen gab auszusprechen.

Es waren aber Juden zu Jerusalem wohnend, die waren gottesfürchtige Männer aus allerlei Volk, das unter dem Himmel ist.

Da nun diese Stimme geschah, kam die Menge zusammen und wurde bestürzt; denn ein jeder hörte sie in seiner eigenen Sprache reden.

Sie entsetzten sich aber, verwunderten sich und sprachen: Siehe, sind nicht diese alle, die da reden, aus Galiläa? Wie hören wir denn ein jeglicher seine Sprache, darin wir geboren sind?

Parther und Meder und Elamiter, und die wir wohnen in Mesopotamien und in Judäa und Kappadozien, in Pontus und der Landschaft Asien, Phrygien und Pamphylien, in Ägypten und der Gegend von Libyen bei Kyrene und Ausländer von Rom, Juden und Judengenossen, Kreter und Araber: wir hören sie in unseren Zungen die großen Taten Gottes reden.

Sie entsetzten sich aber alle und wurden bestürzt und sprachen einer zu dem andern: Was will das werden?

Die andern aber hatten ihren Spott und sprachen: Sie sind voll süßen Weins.

Apostelgeschichte 2,1–13

Als Augustinus in reifen Jahren auf seine Jugend zurückblickte, erschien sie ihm als eine einzige Kette von Sünden. Auch das scheinbar Harmloseste sah er als Schuld an: daß er als Schüler lieber spielte als lernte, daß er lieber Homers *Ilias* las, als sich mit dem Einmaleins zu beschäftigen, daß er gern ins Theater ging. Ja, er fragte sich, ob es nicht schon Sünde war, daß er als Säugling ungeduldig nach Nahrung schrie. »Aber das ist doch absurd!« wollte man ihn beschwichtigen. »Credo quia absurdum«, sagte Augustinus.

Boethius wollte einen Heiden vom Christentum überzeugen. »Das vollkommene Gute ist das vollkommene Glück«, erklärte Boethius und folgerte: »Das wahre Glück aber muß notwendig in Gott, dem Höchsten, wohnen. Also liegt es auf der Hand, daß die Menschen glücklich werden, indem sie zu Gott gelangen! Klar?« Der Heide nickte, und Boethius fuhr fort: »Wie die Menschen durch Erlangung der Gerechtigkeit gerecht werden, durch Erlangung der Weisheit weise, so müssen in gleicher Weise diejenigen, die zu Gott gelangen, Götter werden. Jeder Glückliche also ist Gott!« »Und, bist du glücklich?« fragte der Heide. »Ja«, hauchte Boethius und wandte die Augen zum Himmel empor. Darauf der Heide: »Dann habt ihr Christen jetzt schon zwei Götter ...«

Thomas von Aquin war beim französischen König Ludwig dem Heiligen zur Tafel geladen. Er schwieg wie üblich und hing seinen Gedanken nach, bis er plötzlich mit der Faust auf den Tisch schlug und schrie: »So muß man gegen die Häresie der Manichäer argumentieren!« »Genau!« rief der König. »Und nehmt noch ein Stück vom Braten, Bruder Thomas!«

Der Dominikanermönch Thomas von Aquin war von so imposanter Leibesfülle, daß an seinem Pult ein rundes Stück ausgesägt werden mußte, damit er daran sitzen und arbeiten konnte.

Das ausgesägte Teil konnte der Tischler dann am Pult eines sehr hageren Mönchs anbringen.

Die bekannte Frage der Scholastiker, wie viele Engel auf einer Nadelspitze Platz haben, erregte die Gemüter der Pariser Theologen so sehr, daß sich der Dekan 1289 zu einem damals ungewöhnlichen Schritt entschloß. Des Streites der drei sich befehdenden Gruppen müde, lud er sie am ersten Sonntag nach Trinitatis in die Aula der Universität ein.

»Wie viele Engel haben nach Eurer Meinung Platz auf einer Nadelspitze?« fragte er Le Varlin, den Sprecher der ersten Gruppe. »Kein einziger«, antwortete dieser, »die ätherische Beschaffenheit dieser Wesen …«

»Das wissen wir«, unterbrach ihn der Dekan und sah Grandgouche, den Sprecher der zweiten Gruppe an. »Was meinen Sie?«

»Natürlich 150«, entgegnete dieser, »wer sich nur etwas in den Schriften des Thomas von Aquin …« »Danke«, sagte der Dekan und wandte sich an Batteux, den Verfechter des dritten Standpunkts. »Jeder«, sagte dieser zornig, »der nur etwas Verstand hat, wird wissen, daß es unzählige sind. Diese immateriellen Geschöpfe …«

»Gut«, sagte der Dekan laut, »wir kennen nun Ihre Meinungen. Jetzt passen Sie mal auf.« Er griff in seine Tasche, holte eine Nadel heraus und steckte sie mit dem stumpfen Ende in eine Tischritze. Darauf faltete er seine Hände, und nach kurzer Zeit kamen einige Engel in den Raum geschwebt. Sie kreisten eine Weile über der Nadel, dann setzte sich erst einer darauf, nach einigem Zögern ein zweiter, schließlich ein dritter. Ein vierter Engel versuchte es, er rutschte aus und fiel auf den Tisch. Er versuchte es ein zweites Mal, wieder mißlang es, die

Nadel bot keinen weiteren Platz mehr. Die Engel blieben eine Weile, dann verließen sie lautlos die Aula.

»Bitte schön«, sagte der Dekan nach einer Pause, »es sind drei Engel, keiner mehr, keiner weniger. Und jetzt beendet den Streit.« Die Sprecher der Parteien schwiegen einen Moment.

»Das waren aber merkwürdige Engel«, sagte Le Varlin schließlich.

»Sie waren viel zu groß«, sagte Grandgouche.

»Jeder, der nur etwas von Engeln versteht«, sagte Batteux, »wird wissen, daß das keine waren, da ihre immaterielle Substanz es ermöglicht, daß unzählige von ihnen auf einer Nadelspitze Platz haben.«

»150«, meinte Grandgouche.

»Keiner«, sagte Le Varlin fest.

»Aber meine Herren«, rief der Dekan, »nun ist doch bewiesen ...«

»Bewiesen ist nur eines«, sagten die Sprecher aus einem Munde, »daß das keine Engel waren.«

Und da sie sich das erste Mal in ihrem Leben einig waren, marschierten sie schnurstracks zum Großinquisitor, dem der Dekan schon lange ein Dorn im Auge war. Am zweiten Sonntag nach Trinitatis sah man denn auch den schönsten Scheiterhaufen, der je vor Notre Dame gebrannt hatte.

Robert Gernhardt

Um die Juden zum christlichen Glauben zu bekehren, zwang die Kirche im Mittelalter die Rabbiner, mit katholischen Geistlichen zu disputieren. Die Spielregeln waren im voraus so festgelegt, daß die Juden nicht siegen konnten; unterlagen sie aber, wurden sie hart bestraft. Als einst der Bischof von Worms die Juden der Stadt aufforderte, einen der Ihren zur Disputation zu stellen, meldete sich aus Angst niemand. Nur ein Knabe hatte den Mut und ging zum Bischof. Der zeigte ihm die geschlossene Hand mit ausgestrecktem Daumen.

Der Knabe zeigte dem Bischof die geschlossene Hand mit zwei ausgestreckten Fingern.

Der Bischof zeigte die flache Hand. Der Knabe zeigte die geballte Faust.

Der Bischof nahm einen goldenen Kelch mit Erbsen und schüttete die Erbsen auf dem Boden aus. Der Knabe nahm den Kelch, sammelte die Erbsen wieder hinein und nahm alles unter den Mantel.

Der Bischof entließ ihn huldvoll und sagte zu seinem Domkapitel: »Die Juden sind wahrlich weise Leute. Ich zeigte ihm ›Ihr glaubt an einen Gott‹, er zeigte mir, ›Ihr glaubt an zwei, den Vater und den Sohn‹. Ich zeigte ihm ›Ihr seid schutzlos auf der Erde‹, er zeigte mir ›Zusammengeschlossen sind wir mächtig‹. Ich zeigte ihm ›Der Herr hat euch über die ganze Erde verstreut‹, und er zeigte mir ›Aber er wird uns einsammeln und unter den Mantel der Gnade nehmen‹.«

Auch der Knabe mußte der jüdischen Gemeinde berichten: »Es war ganz einfach. Der Bischof hat mir geboten Eins, hab ich ihm geboten Zwei. Er hat gezeigt ›Ich geb dir e Patsch!‹, hab ich ihm gezeigt ›Ich schlag dir ein die Zähn‹. Das dritte Mal hab ich nur scharf aufgepaßt. Er hat genommen einen Pokal mit Erbsen und hat ausgeschüttet die Erbsen auf den Fußboden. Ich habe genommen den Pokal, hab getan hinein die Erbsen. Und hier ist der Pokal!«

Ein Magister Allwissend von der hochberühmten Universität Paris weilte in Prag und behauptete, jede nur mögliche Frage beantworten zu können. Der Rektor der Prager Universität lud ihn zu einer Disputation ein und legte ihm vier Fragen vor: »Erstens, wieviel Tage sind vergangen seit Adams Zeiten bis heute? Zweitens, wo befindet sich der Mittelpunkt der Welt? Drittens, wie weit ist es von der Erde bis zum Himmel? Viertens – was denke ich in diesem Augenblick?«

Der Magister blickte dem Rektor gerade ins Gesicht und antwortete: »Seit Adams Zeiten vergangen sind genau sieben Tage, und wenn die herum sind, so heben sie von neuem an … Der Mittelpunkt der Erde ist hier, genau hier. Meßt einfach nach, und wenn ich nur um einen Strohhalm daneben liege, so mag ich unrecht haben … Der Himmel ist der Erde ganz nah. Was wir hier sprechen, kann man im Himmel hören. Steigt einfach hinauf, dann rufe ich hier unten Euren Namen, und Ihr werdet es dort oben vernehmen. Und was die vierte Frage betrifft: indem Ihr mich so anblickt, denkt Ihr sicher: Das also ist der Magister Allwissend von der hochberühmten Universität Paris … Dann wißt also, daß Ihr Euer Gespräch mit einem Narren führt, dem armen Till Eulenspiegel …«

Nikolaus von Kues, der in manchem kein Mensch des Mittelalters mehr war, sondern schon ein modern denkendes Individuum, nahm am Konzil von 1432 teil, und zwar erst auf seiten des Kaisers, dann schwenkte er um ins Lager des Papstes. Auch später geschah es oft, daß er die Seiten wechselte, mal für die kirchliche Obergewalt eintrat, später dann für die weltliche Macht argumentierte. Endlich wollte man ihn auf eine Position festnageln. »Streitet Ihr für die Kirche?« »Ja.« »Streitet Ihr für den Kaiser?« »Ja.« »Beides zugleich geht nicht!« »Doch, denn ich streite für Nikolaus von Kues.«

Die Novizen hatten ein einwöchiges Schweigegelübde geleistet. Am zweiten Tag nieste einer von ihnen. »Gesundheit!« entfuhr es dem, der neben ihm kniete. »Pst«, zischte der dritte, »wir sollen nicht sprechen.« »Ihr seid beide dumm, warum redet ihr?« fragte der vierte. »Ruhe!« rief der fünfte. »Ich bin der einzige, der nicht gesprochen hat«, stellte der fest, der geniest hatte.

Luther arbeitete an einer Predigt. Seine Frau Katharina wunderte sich: »Lehrst du nicht, durch den Prediger rede Gott selber zur Gemeinde?« »Ja, gewiß.« »Warum streichst du dann so viel weg?«

In einer theologischen Prüfung wurde der Kandidat gefragt, wer Luther auf der Reise zum Reichstag nach Worms 1521 begleitet habe. Der Kandidat platzte heraus: »Götz von Berlichingen!« Daraufhin der Professor: »Wenn Sie mich gemeint haben sollten, möchte ich die Antwort überhört haben.«

Mohammed, Buddha & Co.

Der Gesandte Gottes predigte der Gemeinde. Da näherte sich dem Predigerstuhl ein Mann und sprach: »O du, der du den rechten Weg weisest und die Menschheit führst zu der Wahrheit Pfaden – mir ist mein Esel verlorengegangen, und ich bitte dich um die Gunst, du mögest ihn mir wieder auffinden.« »Hab Geduld«, antwortete der Prophet, »er wird sich finden.« In seiner Predigt fortfahrend, rief er der versammelten Gemeinde zu: »Ihr Muselmanen, ist einer unter euch, der nie verliebt gewesen, der stehe auf!«

Da erhob sich ein Greis und sagte: »O Gesandter Gottes, ich bin ein Laie geblieben in der Liebe Wissenschaft. Obwohl zu hohen Jahren gelangt, habe ich nie eine Leidenschaft für irgendein schönes Wesen empfunden. Von Liebesschmerz weiß ich nichts, ja ich habe überhaupt keine Vorstellung von dem, was du Liebe nennst. Aber sei so gut und unterweise mich!«

Da wandte sich Mohammed zu dem Mann, der seinen Esel verloren hatte: »Siehe, hier ist der Esel, den du suchst. Nimm ihn wieder!«

Wenn Mohammed in der Moschee betete, war seine Kraft der religiösen Versenkung so groß, daß er alles um sich herum vergaß. So ins Gebet vertieft, fand ihn eines Abends seine Frau Aischa. »Komm nach Hause zum Nachtmahl!« rief sie ihn vorsichtig an. Mohammed reagierte nicht. Aischa wiederholte ihren Ruf. Wie aus unendlicher Ferne kam es zurück: »Nach Hause? Wer spricht?« »Ich bin's, Aischa!« »Wer ist Aischa?« sprach es aus dem Propheten. »Deine Frau, Mohammed!« Er: »Wer ist Mohammed?!«

»Immer, wenn er seine Visionen empfängt«, prahlte einer von Mohammeds ersten Anhängern, »verwandelt sich der Kaufmann Mohammed in Mohammed, den Gesandten Gottes!« »Wie kannst du das wissen?« zweifelte jemand. »Mohammed selbst sagt es.« »Mohammed selbst? Er könnte die Unwahrheit sagen.« »Hüte deine Zunge«, rief der Anhänger, »wie kannst du es wagen zu behaupten, ein Mann, der sich in den Gesandten Gottes zu verwandeln vermag, hätte es nötig, die Unwahrheit zu sagen!«

Ein Beduine wandte sich ratsuchend an Mohammed: »Wenn ich an einer Oase meine Kleider abgelegt habe und zur religiösen Waschung ins Wasser gestiegen bin – in welche Richtung muß ich mein Gesicht wenden?« Mohammed ohne Zögern: »Eine törichte Frage! Du mußt dein Gesicht auf die Stelle richten, wo deine Kleider liegen. Damit sie dir nicht gestohlen werden.«

Zu Lebzeiten des Propheten brach eine große Hungersnot aus. Als der Prophet am Freitag die Predigt hielt, erhob sich ein Beduine und sagte: »O Gesandter Gottes, das Vieh geht zugrunde, und die Menschen leiden Hunger! Ruf doch Gott für uns an!«

Der Prophet hob seine Hände in die Höhe. Zu diesem Zeitpunkt war am Himmel nicht die kleinste Wolke zu sehen.

Bei dem, in dessen Händen ich mich befinde! Noch hatte er seine Hände nicht wieder gesenkt, als Wolken aufzogen, so groß wie Berge! Der Prophet stieg erst von der Kanzel, als ihm das Wasser schon vom Bart herabtropfte. Es regnete den ganzen Tag und auch den nächsten und übernächsten, es regnete eine ganze Woche lang! Am nächsten Freitag wandte sich wieder dieser Beduine – oder es kann auch ein anderer gewesen sein – an den Propheten und sagte: »O Gesandter Gottes, der Regen zerstört unsere Häuser, das Vieh ertrinkt! Ruf doch Gott für uns an!« Der Prophet hob seine Hand und sagte: »O Gott, es soll nur noch im Umland regnen, nicht mehr hier bei uns!« Kaum hatte er mit der Hand ein Zeichen in Richtung der Wolken gegeben, als diese sich schon teilten und den Himmel über Medina freigaben.

So bezeugt es der Gewährsmann Sahih al-Buhari, 200 Jahre später.

Zu Mohammed kam ein Einbeiniger und bat ihn, das verlorene Bein wieder wachsen zu lassen.

»Bei Gott, das wäre für mich nichts Unmögliches«, erwiderte rasch gefaßt der Prophet. »Aber bedenke die Folgen! Wenn ich dieses Wunder wirke, so wirst du bis zu deinem Tod zwei Beine haben – für deinen Erdenweg gewiß ein Vorteil. Am Tag des Gerichts aber wird nicht nur dieses zweite Bein mit dir auferstehen, sondern auch das verlorene, und du wirst auf drei Beinen durch das Paradies humpeln in alle Ewigkeit. Sag selbst:

Ist es nicht ratsamer, daß du dich während deiner kurzen Erdenzeit weiterhin so behilfst, statt sich für die Ewigkeit diese Unbequemlichkeit aufzuladen?«

Das überzeugte den frommen Invaliden völlig.

»Die Nächstenliebe ist Teil des Islam«, predigte Mohammed an einem Freitag der Gemeinde. »Keiner von euch ist wirklich gläubig, bevor er nicht seinem Glaubensbruder das wünscht, was er für sich selbst erhofft.« Begeistert ging die Gemeinde darauf ein: »Was du uns wünschst, o Mohammed, das wünschen wir dir!« Am nächsten Freitag predigte Mohammed weiter: »Auch die Liebe zum Gesandten ist Teil des Glaubens. Bei dem, in dessen Hand ich mich befinde! Keiner von euch ist wirklich gläubig, bevor ich ihm nicht lieber bin als sein Vater und sein Sohn und alle Menschen miteinander.« Und wieder ging die Gemeinde begeistert darauf ein: »Was du uns wünschst, das wünschen wir dir!«

Einige Juden kamen zum Gesandten Gottes und sagten: »Der Tod möge über dich kommen!« Aischa hörte diese Worte und schrie sie an: »Und über euch soll auch der Tod kommen und der Fluch Gottes!« Da sagte der Gesandte Gottes zu Aischa: »Beruhige dich, o Aischa! Du weißt doch: Gott liebt die Freundlichkeit und Nachsicht in allen Lebenslagen!« Aischa rief: »O Gesandter Gottes, hast du denn nicht gehört, was sie gesagt haben?« Er erwiderte: »Doch, und ich erwiderte ihnen: ‚Und über euch auch!‘«

Sahih al-Buhari

Sulajman al-A'masch, ein arabischer Weiser des 8. Jahrhunderts, wurde gefragt, welche Farbe die Sandalen Mohammeds hatten. »Sie waren grün«, antwortete er ohne Zaudern. Der Fragende jedoch widersprach: »Du täuschst dich, sie waren blau.« Al-A'masch ließ sich nicht verwirren: »Mohammed besaß zwei Paar ...«

Ein Gelehrter suchte Sulajman al-A'masch auf, um ihm einige philosophische Fragen zu stellen. »Was hast du mitgebracht?« fragte al-A'masch. »Pflaumen«, erklärte der Mann. »Gib mir eine Pflaume«, sagte al-A'masch, »und ich beantworte dir eine Frage.« Der Gelehrte gab ihm für jede Antwort eine Pflaume, bis er keine Pflaumen mehr hatte. »Die Pflaumen sind alle«, sagte er. »Auch die Antworten sind alle«, sagte al-A'masch.

Dschuha hieß der arabische Witzbold des 8. Jahrhunderts. Einmal traf ein Gelehrter in der Stadt ein und fragte die Bevölkerung: »Wer ist euer größter Weiser?« »Dschuha«, sagten die Leute und führten ihn zu ihm. Der Gelehrte setzte sich ihm gegenüber und fragte: »Ich habe vierzig Fragen an dich. Kannst du sie alle mit einer einzigen Antwort lösen?« »Gewiß. Beginne!« Der Gelehrte stellte seine Fragen. Darauf entgegnete Dschuha: »Willst du wirklich eine einzige Antwort darauf?« »Jawohl.« »Bitte sehr: Ich kann sie sämtlich nicht beantworten.«

Nasreddin Hodscha, der türkische Eulenspiegel des 13. Jahrhunderts, bestieg beim Gottesdienst am Freitag den Predigerstuhl. Neugierig sahen die Gläubigen zu ihm hinauf, gespannt, welche Weisheiten er ihnen zu lehren habe.

»Wißt ihr, was ich euch sagen will?« fragte der Hodscha.

»Nein«, rief die Menge.

»So seid ihr zu bedauern«, sagte Nasreddin, »denn ich werde es euch nicht sagen.« Und er stieg von der Kanzel und ging heim.

In der nächsten Woche aber war er wieder da und fragte: »Wißt ihr, was ich euch sagen will?«

»Ja!« rief die Menge, denn die Leute wollten Nasreddin einen zweiten Triumph nicht gönnen.

»So seid ihr glücklich zu preisen«, sagte Nasreddin, »und ich brauche es euch nicht zu sagen.« Und er stieg von der Kanzel und ging heim.

Als er aber am dritten Freitag wieder seine Frage tat: »Wißt ihr, was ich euch sagen will, oder wißt ihr es nicht?« – so war die Versammlung diesmal vorbereitet: »Einige wissen es, einige wissen es nicht!«

»Wohlan!« sagte Nasreddin. »So sollen diejenigen, die es wissen, ihr Wissen denen mitteilen, die es nicht wissen!« Und ging nach Hause.

»Allahs Wille geschieht immer«, erklärte der Derwisch. »Woher weißt du das?« fragte ihn ein Schüler. »Wenn es nicht so wäre«, erwiderte der Derwisch, »würde meiner auch manchmal geschehen ...«

Zwei Schüler des Mystikers Rumi meditierten. Schließlich sagte der eine: »Männer sind Berge, Frauen sind Spaten.« Der andere dachte lange nach und sagte dann:

»Nein, Männer sind Spaten, Frauen sind Berge.« Sie gingen zu ihrem Meister, der sich besonders tief in das Problem versenkte. »Ihr habt beide recht«, sagte Rumi dann. »Männer sind Frauen, Berge sind Spaten.«

»Das Leben ist eine Kettenbrücke«, rief ein Sufi nach langem Nachdenken. »Wieso: Kettenbrücke?« fragte ihn jemand. Der Sufi: »Na gut, ist es eben keine Kettenbrücke.«

Hussein war ein frommer Moslem, aber vielleicht nicht ganz auf die richtige Art. Jedenfalls nahm er jedes Niesen als Vorsehung und jedes Stolpern als Kismet.

Seine Frau verließ ihn und zog zu seinem besten Freund. Hussein klagte nicht. Sein Sohn mußte türmen, weil er eine Dummheit begangen hatte, seine Tochter wurde verführt und sitzengelassen, sein Korn durch eine Dürre vernichtet – Hussein klagte nicht, sondern warf sich nieder und pries den Allmächtigen.

Als er am Bettelstab gelandet war und sich bei einem reichen Mann als Knecht verdingen mußte, schickte der ihn aufs Feld, den Acker zu pflügen. Kaum begann Hussein sein Werk, als ein Gewitter aufzog und ihm einen Blitz zusandte, der den Pflug zusammenschmolz, ihm Bart und Kleider abbrannte und ihn durch den nächsten Dornbusch schleuderte.

Langsam sortierte Hussein seine Körperteile, kniete nieder, hob die Hände und blickte auf zum Himmel. Und hier krümmte sich der Wurm zum ersten Mal:

»Allmächtiger«, rief er, »das fängt langsam an, komisch zu werden.«

Als ich in Bosnien diente, wollte mich der Hodja Hadji Hafis Selim zum Islam bekehren.

»Anders«, sagte er, »wirst du nicht in den Himmel kommen, Effendim. Es führt eine Brücke dahin, schmal wie eine Messerschneide und bogenförmig. Fünfhundert Jahre gehst du hinan – fünfhundert darüber – fünfhundert hinab – dann erst bist du im Paradies bei Muhammed.«

»Hodja, wann ist Muhammed gestorben?«

»Nach eurer Zeitrechnung: 632.«

»Hör mal – dann ist er ja selbst noch gar nicht drüben.«

Roda Roda

William S. Burroughs sprach mit Andy Warhol über die Reinkarnation. »Es gibt eine Überlieferung, derzufolge Mohammed durch einen Mann wiedergeboren wurde«, sagte Burroughs. »Wer«, fragte Warhol, »ist Mohammed?« »Na, na«, meinte Borroughs: »der Prophet Mohammed!« »Ach so«, sagte Warhol, »ich kenne jede Menge Kellner, die Mohammed heißen.«

Der Buddha hatte den Blinden einen Elefanten vorgeführt. Nun fragte er sie: »So sagt, wem gleicht ein Elefant?«

Die Blinden, die das Haupt des Elefanten betastet hatten, sagten: »Ein Elefant, Herr, gleicht einem Topf.« Jene, welche die Ohren befühlt hatten, sagten: »Ein Elefant gleicht einem Worfelsieb.« Die den Stoßzahn berührt hatten, sagten: »Ein Elefant gleicht einer Pflugschar.« Die allein den Rüssel in Betracht zogen, sprachen: »Ein Elefant gleicht einem Pflugsterz«, die den Körper betasteten, sprachen: »Ein Elefant gleicht einem Nahrungsspeicher«, die den Fuß befühlt hatten: »Der Elefant gleicht einem Pfosten«, denen der Rücken gezeigt wurde: »Der Elefant gleicht einem Mörser.« Welche den Schwanz untersucht hatten: »Der Elefant gleicht einem Stößel.« Die nur die Schwanzquaste betasteten, sagten: »Der Elefant gleicht einem Besen.«

Und dann gerieten sie laut in Streit über die Frage, wie der Elefant sei, und drangen aufeinander ein, so daß sich der Buddha belustigte und zu seinen Schülern sagte: »Wahrlich, ihr Mönche, so sind auch jene Brahmanen, die anderen religiösen Gemeinschaften angehören, blind. Da sie keine Augen haben, erkennen sie nicht das Ziel und nicht den Weg. Sie kennen nicht die rechte Lehre und nicht die falsche Lehre, und daraus erwächst bei ihnen Kampf und Streit.«

»Recht hast du, Erhabener«, sagte ein Schüler zum Buddha, »doch sag nun auch du: Wem gleicht ein Elefant?« »Nun ... ein Elefant gleicht ... einem Elefanten!« »O Erhabener«, wunderte sich der Schüler, »gleicht ein Elefant nicht vielmehr einem Weisen?« »Ihr irrt beide!« mischte sich ein weiterer Schüler ein. »Ein Elefant gleicht einer Maus, die –« »Niemals!« rief ein vierter. »Ein Elefant gleicht einer Gewitterwolke, die mit Blitz und –« – und schon war der schönste Streit im Gange.

Einst weilte der Buddha bei Nâlandâ in dem Pâvârika-Mangohain. Asibandhakas Sohn, der Dorfvorsteher, begab sich zu ihm: »Drei Fragen beantworte mir, und ich will glauben, daß du wirklich der Erhabene bist, und dir folgen.«

»Frage!«

»Ein Bauer hat drei Felder, ein vorzügliches, ein mittelgutes und ein minderwertiges, steiniges und versalzenes. Wenn nun dieser Bauer aussäen will, was glaubst du, wohin würde er den Samen streuen, auf das vorzügliche Feld, auf das mittlere oder auf das hundsmiserable?«

Der Buddha dachte eine Weile nach und sagte dann: »Jener Landmann, der seine Körner aussäen wollte, würde sie dort ausstreuen, wo das besonders gute Feld liegt. Wenn er dann Samen übrig hat, wird er ihn auf den Acker von mittlerer Güte ausbringen. Und dann erst würde er den geringwerten Acker bestreuen. Vielleicht wächst ja Futter für die Kühe darauf.«

»Weise hast du gesprochen, erhabener Gotama. Nun achte auf meine zweite Frage. Angenommen, ein Mann besitzt drei Wassergefäße, eines, das heil ist, ein anderes, das ein wenig undicht ist, und ein drittes, das zu Scherben zerbrochen ist. Was denkst du nun, o Herr, wenn jener Mann Wasser aufbewahren wollte, wo gösse er dies hinein? In den Wasserkrug, der heil ist, in das Wassergefäß, das etwas schadhaft ist, oder in den Wasserbehälter, der völlig zerdeppert ist?«

Der Buddha dachte lange nach, nachdem er sich den Fall noch einmal gründlich hatte schildern lassen, und antwortete dann: »Jener Mann, der Wasser aufbewahren wollte, würde es dem Krug anvertrauen, der heil ist. Hat er dieses vollgeschenkt, so gösse er das Wasser in jenes Gefäß, das unzerbrochen, aber ein wenig beschädigt ist. Dann erst wird er Wasser in den zerbrochenen Behälter gießen, oder auch nicht.«

»Trefflich hast du geantwortet, erhabener Gotama. Beantworte nun auch meine dritte Frage! Ein Fragesteller hat drei Fragen, die selbst ein Kind sofort beantworten kann. Die erste Frage ist überflüssig, die zweite ebenso, und die dritte auch. Warum antwortest du dennoch darauf?«

Da fiel der Buddha in ein langes Sinnen, so daß endlich des Asibandhakas Sohn, der Dorfvorsteher, fortging, und deshalb blieb er bis heute unerleuchtet.

Einstmals weilte der Vollendete in Savatthi, im Jetavana, in Anathapindakas Mönchheim. Da sah Ambattha, ein junger Brahmane, am Körper des Vollendeten die zweiunddreißig Merkmale des Großmenschen alle insgesamt, ausgenommen eins. In bezug auf ein Merkmal des Großmenschen hatte er Zweifel, Unsicherheit, kein Vertrauen: in bezug auf die lange Zunge. Da nun übte der Erhabene eine derartige Kraftwirkung aus, daß er die Zunge ausstreckte, und er berührte ausgiebig beide Gehörgänge, berührte ausgiebig beide Nasengänge, und den ganzen Umkreis der Stirn bedeckte er mit der Zunge. Da dachte Ambattha, der junge Brahmane, bei sich: »Begabt ist Gotama mit den zweiunddreißig Merkmalen des Großmenschen vollständig, nicht unvollständig«, und sprach so zum Vollendeten: »Wohlan, verehrter Gotama, wir wollen jetzt gehen; wir haben viele Pflichten, viele Aufgaben!«

Und er brachte den Buddha zum Varieté.

Ein Bauer, der sich zum Buddhismus bekehrt hatte, erklärte, er suche die Leere, die Abwesenheit der Dinge. Wenn es ihm zu begreifen gelänge, daß es keine Dinge gäbe, ein Beamter kein Beamter und ein Räuber kein Räuber mehr sei, dann werde er den Zustand der Erleuchtung erreicht haben. Bevor er den Zustand der Erleuchtung erreicht hatte, überfiel ihn ein Räuber und tötete ihn. Ein Mann fand die Leiche und sagte: »Dieser Bauer ist kein Bauer mehr.«

Nach Luigi Malerba

In der Han-Periode, als der Buddhismus neu in China und die Lehre von der Wiedergeburt noch nicht recht verstanden war, hatten zwei Landstreicher einem reichen Bauern, der sein Mittagsschläfchen hielt, das Pferd vom Wagen gespannt. Der eine machte sich mit dem Tier auf den Weg zum Markt im nächsten Ort, der andere aber, um den Diebstahl zu vertuschen, stellte sich vor den Wagen und legte sich das Zaumzeug um.

Als der Bauer erwachte, begann der Mann zu weinen und erklärte: »Zur Strafe für mein schlechtes Leben wurde ich in ein Pferd verwandelt. Als Pferd aber habe ich nur Gutes getan und bin darum jetzt wieder ein Mensch geworden. Aber ach! Du hast mich gekauft, jetzt werde ich auch als Mensch deinen Wagen ziehen müssen!«

Mitleidig ließ der Bauer den Mann ziehen. Nun brauchte er aber ein neues Zugtier, ging zum Markt in die Stadt – und erblickte sein Pferd wieder. Er trat heran, stupste es in die Seite und flüsterte ihm schelmisch zu: »He, du Schlingel! Hast wieder Schlechtes getan, wie?!«

Ein Mönch war auf Wanderschaft und übernachtete in einem Wirtshaus. Um nichts zu vergessen, schrieb er vor dem Schlafengehen alles auf einen Zettel: Sandalen – unterm Bett; Gewand – auf dem Stuhl; Gebetsmühle – auf dem Tisch; ich – im Bett.

Als er am nächsten Morgen erwachte, nahm er den Zettel, suchte seine Sachen zusammen und zog sich an. Schließlich kontrollierte er noch einmal alles und entdeckte am Ende des Zettels die Notiz: ich – im Bett. Er fing an, sich im Bett zu suchen, aber konnte sich nicht finden. Er schaute in jeden Winkel des Zimmers – vergebens. Endlich wurden ihm bei dem Gedanken, sich selbst verloren zu haben, die Knie weich, so daß er sich hinlegen mußte.

Als er wieder zu sich gekommen war, nahm er noch einmal den Zettel zur Hand, verglich – und ein Stein fiel ihm vom Herzen: Er hatte sich wiedergefunden.

Der Mönch war allein im Tempel. Er warf sich zu Boden, schlug sich auf die Brust und murmelte: »Ich bin ein Nichts, ich bin ein Nichts, ich bin ein Nichts …« Da betrat ein Novize den Tempel, sah den Mönch, kniete neben ihm nieder und stimmte ein: »Ich bin ein Nichts, ich bin ein Nichts, ich bin ein Nichts …« Da kam das Faktotum, um den Boden zu fegen. Und während es beim Fegen den Besen im Takt bewegte, murmelte es mit den anderen: »Ich bin ein Nichts, ich bin ein Nichts, ich bin ein Nichts …«

Der Mönch stieß den Novizen an: »Schau, wer sich einbildet, ein Nichts zu sein.«

Aus dem Buch der Wandlungen I

»Seht diesen Baum«, sagte Lao-tschi einst seinen Schülern unter einer Yunga-Eiche, in deren Schatten sie nach anstrengender Wanderung um die Mittagszeit ausruhten. »Mannsdick der Stamm, sieben Kulis können ihn nicht umfassen, stark wie die Arme der Arbeiter von Sezuan die Äste, nicht zu zählen das Blattwerk. Und doch war er einst eine winzige Eichel, ein unscheinbarer Keim. Was lernen wir daraus?«

Die Jünger, die bereits die Augen geschlossen hatten, öffneten sie wieder für einen Moment.

»Geschenkt, Meister, geschenkt!« riefen sie, und: »Schon gut.«

Seufzend blickte der Lehrer um sich, und als er alle schlafen sah, folgte er mißmutig ihrem Beispiel.

*

Aus dem Buch der Wandlungen II

Eines Abends kam ein Jünger zu Lao-tschi und sagte mit erregter Stimme: »Meister, du erzähltest doch einst die Parabel von der Kirsche und dem Spatzen.«

Lao-tschi schaute auf und sagte: »So, tat ich das?«

»Ja«, sagte der Schüler. »Du erzähltest, daß ein Spatz eine Kirsche sah und Appetit nach ihr verspürte und sie verschlang. Da sie aber zu groß für ihn war, erstickte er an ihr. So geht es jedem, der allzu habgierig ist, sagtest du.«

»Sagte ich das?« fragte Lao-tschi. »Dann wird es wohl stimmen.«

»Nein, es stimmt ganz und gar nicht!« schrie der Schüler. »Ich habe daraufhin die Spatzen beobachtet. Sie denken nicht daran, Kirschen zu verschlucken. Sie picken langsam an den Früchten herum, bis sie genug haben.«

»So?« sagte der Meister glücklich. »Da sagt man immer, die Spatzen hätten nur ein kleines Hirn. Und trotzdem haben sie auf meine Worte gehört und sich gebessert. Was lernen wir daraus?«

»Daß deine Parabeln hinten und vorne nicht stimmen«, brüllte der Schüler.

»Das auch«, entgegnete der Meister. »Aber ich wollte noch etwas anderes sagen. Wie war das gleich? Na, es tut nichts zur Sache.«

Und er vertiefte sich wieder in das Buch der 88 Sprüche, während sein Schüler in eine Dunkelheit hinauswankte, die für ihn auch durch den milden Vollmond nicht heller wurde.

*

Aus dem Buch der Wandlungen III

Lao-tschi pries einst das Wasser.

»Ich wüßte wirklich nicht, was ihm gleichkäme«, sagte er. »Der Wein? Nein, der ist von anderem Geschmack und berauscht. Das Gras? Nein, es ist grün und oben spitz. Der Stein etwa? Nein, er ist rund, und man kann ihn wegwerfen. Der wilde Büffel? Nein, er rennt ziellos hin und her und kann mit dem Schwanze wedeln.«

Hierauf schwieg Lao-tschi eine Weile, worauf er erschöpft fortfuhr: »Ich könnte euch noch andere Beispiele nennen. Doch vielleicht glaubt ihr mir auch so, daß ich wirklich nicht weiß, was dem Wasser gleichkäme?«

»Aber ja!« riefen die Schüler, die nicht im mindesten daran gezweifelt hatten, »aber ja! Und nun ruhe wieder ein wenig, Meister!«

Robert Gernhardt

Als Lao-tse einst mit seinen Schülern wandelte, um sie die Kenntnis des rechten Weges zu lehren, purzelte er plötzlich in ein tiefes Erdloch. Seine Schüler riefen hinunter: »Alles in Ordnung, Meister?« Da erzürnte Laotse natürlich sehr über seine begriffsstutzigen Schüler.

Wang Hui-dschih lebte in Schan-yin. Eines Nachts war dichter Schnee gefallen. Aus dem Schlaf erwacht, hatte Wang die Schiebetür seines Zimmers geöffnet und hatte sich Wein bringen lassen. Den trank er nun und sah in die schimmernde Weite ringsum.

Er stand auf, und im Hin- und Hergehen summte er das Gedicht »Ich suche den Einsiedel«. Da dachte er plötzlich an Dai Kuë, der damals in jener Gegend weilte. Auf der Stelle bestieg er ein kleines Boot, um ihn aufzusuchen.

Die ganze Nacht verging, bis er da war. Am Tore angelangt, ging er aber nicht hinein, sondern machte wieder kehrt. Als ihn jemand nach dem Grund fragte, antwortete Wang:

»Von meiner Stimmung getragen, bin ich hingefahren. Als die Stimmung ausgekostet, bin ich heimgekehrt. Was hätte ich den Freund noch sehen müssen!«

Neue Gespräche der Welt von heute

Ein betrügerischer Mönch war von einem Beamten verhaftet worden. Auf dem Weg zum Gerichtsort mußten beide in einem Gasthaus übernachten. Am Abend brachte der Mönch seinen Bewacher so weit, daß der sich betrank und unter den Tisch sank. Nun rasierte der Mönch dem Beamten das Haupthaar ab und machte sich aus dem Staub. Als der Beamte morgens aus seinem Rausch erwachte, suchte er im ganzen Haus nach dem Mönch; der aber war nirgends zu finden. Als er innehielt, um nachzudenken, berührte er mit der Hand zufällig seinen Schädel und fand ihn kahl. »Der Mönch ist da«, rief er aus, »aber wo bin ich?!«

Der weise Konfuzius begegnete zwei streitenden Männern. Der eine sagte: »Ich glaube, daß die Sonne, wenn sie aufgeht, den Menschen näher ist und zu Mittag ferner.« Der andere behauptete, daß die aufgehende Sonne ferner und die mittägliche näher sei. Der erste widersprach: »Wenn die Sonne aufgeht, ist sie groß wie ein Wagenrad; aber wenn sie die Mitte des Himmels erreicht, ist sie so klein wie ein Teller. Ist es nicht so, Meister Konfuzius, daß die entfernteren Dinge kleiner und nähere größer aussehen?« »Das stimmt«, räumte Konfuzius ein. Der andere Mann argumentierte: »Wenn die Sonne aufgeht, ist sie kühl, aber mittags ist sie heiß wie kochendes Wasser. Beweist das nicht, großer Konfuzius, daß sie näher ist, wenn sie heiß, und ferner, wenn sie kühl ist?« »Das stimmt«, pflichtete ihm Konfuzius bei. »Aber beides zugleich kann doch nicht stimmen!« riefen die zwei Männer. »Das stimmt auch wieder«, sagte der weise Konfuzius.

Konfuzius sprach: »Sich mit Irrlehren zu beschäftigen schadet nur.«

*

Konfuzius sprach: »Ein viereckiges Gefäß ohne vier Ecken – was für ein sonderbares viereckiges Gefäß ist das!«

*

Konfuzius sprach: »Die den ganzen Tag mit anderen zusammenhocken, verantwortungslos reden und Dummheiten aushecken – mit solchen Leuten hat man's schwer.«

*

Konfuzius sprach: »Worte sollen den Menschen etwas sagen – das ist alles.« Gespräche II,26. VI,25. XV,17. XV,41

Bei einem Urlaub auf dem Land trat Konfuzius mitten in einen Kuhfladen, glitt aus, stolperte gegen einen Misthaufen und fiel in eine Schweinesuhle. Schmunzelte er über das ganze Gesicht: »Scheiße!«

Konfuzius wurde in Kuang aufgegriffen und war in großer Gefahr. Yan Hui war unterwegs zurückgeblieben. Nachdem er wieder herangekommen war, meinte Konfuzius: »Ich hatte schon geglaubt, du wärst umgekommen.«

Yan Hui aber erwiderte: »Ihr, Meister, seid am Leben. Wie könnte ich da zu sterben wagen?!« Gespräche XI,23

Es fragte ein Schüler den Tee-Meister Rikyû: »Was ist des Tee-Weges letzter verborgener Sinn?« Der Meister antwortete: »Im Sommer ist es warm, im Winter kalt; sich danach richten.« Der Schüler sagte: »Wenn es das ist, so brauche ich nicht weiter von Euch besonders belehrt zu werden, das weiß ich Geringer von mir allein.« Der Meister: »Aber wenn Ihr das tatsächlich verwirklicht, dann werde ich Euer Schüler.«

Teegeschichten

Ein Schüler kam zu Zen-Meister Bankei.

»Was fehlt dir?« fragte der Meister.

»Ich leide unter Jähzorn.«

»Zeig mir deinen Jähzorn«, sagte Bankei, »dann will ich ihn vertreiben.«

»Unmöglich«, antwortete der Schüler, »gerade jetzt bin ich nicht zornig.«

»Gut«, sagte der Meister, »komm wieder, wenn du zornig bist.«

»Aber das ist erst recht unmöglich«, wandte der Schüler ein, »bis ich zu Euch gekommen bin, ist mein Zorn sicher verflogen.«

»Dann«, sagte Bankei, »ist dieser Jähzorn kein Teil deines Wesens, sondern etwas, was von außen in dich eindringt. Ich weiß dir einen Rat: Immer wenn der Jähzorn versucht, dich zu überwältigen, nimm einen Stock und schlag dich selbst so lange, bis er es nicht mehr aushält und davonläuft.«

Ein Schüler fragte seinen Zen-Meister: »Was ist Geistesabwesenheit?« Er erhielt zur Antwort: »Es bedeutet: in einem Zustand von Geistesabwesenheit zu sein.« Der

Schüler dachte darüber eine Weile nach und ging zufrieden nach Hause. Später aber, als er sich zu erinnern versuchte, was der Meister gesagt hatte, fiel es ihm nicht mehr ein. Also ging er wieder zu ihm und fragte: »Was, sagtest du, ist Geistesabwesenheit?« »In einem Zustand von Geistesabwesenheit sein.« »Richtig, das war es.« Der Schüler ging heim – aber als er zu Hause ankam, hatte er's wieder vergessen.

Der konfuzianische Gelehrte Kaibara Ekiken betrachtete die Natur und sagte: »Eine Kiefer wächst zu einer stattlichen Größe heran, während sich Bodenkriecher nur einige Zentimeter über der Erde erheben. Und während eine Kirsche uns mit ihrer roten Farbe erfreut, brüllt die Kuh, wenn sie etwas sagen will. Ganz ähnlich verhält es sich mit dem Schicksal des Menschen.«

»Und wie verhält es sich mit dem Schicksal des Menschen?« fragte ihn ein Mann.

»Wie mit dem Wasser«, antwortete der Meister. »Verschüttetes Wasser kehrt nicht in die Schale zurück.«

»Aha. Und wie verhält es sich mit der Schale?« fragte der Mann weiter.

»Wie mit der Maus. Hat sie ein Korn verzehrt, so ist es nicht mehr da.«

»Ach so. Und wie verhält es sich mit dem Korn?«

»Wie mit dem Schicksal des Menschen«, schloß der Meister seine Darlegungen.

Einst kam ein Schüler zu Kaibara Ekiken und sagte: »Ich habe keine Lust zum Lernen. Kann ich nicht mit dem Lernen beginnen, wenn es zu spät ist?« Kaibara

Ekiken dachte tief nach, dann sagte er: »Nein, es ist ratsam, mit dem Lernen zu beginnen, ehe es zu spät ist.« Und weil ihm der Satz so gut gefiel, schrieb ihn der Gelehrte auch gleich in eins seiner schlauen Bücher hinein. Dort liest man den Satz noch heute: »Es ist ratsam, mit dem Lernen zu beginnen, ehe es zu spät ist.«

»Tanzen und Singen helfen dem Menschen, seine Kümmernisse und Sorgen zu vergessen«, hatte Kaibara Ekiken gelehrt. Und wenn es hoch herging bei ihm, seufzten die Nachbarn: »Jetzt ist bestimmt wieder einer seiner Freunde gestorben!«

Jeden Nachmittag schlief der Guru ausgiebig. Er besuche die großen Meister in der geistigen Welt, sagte er seinem Schüler. Eines Tages nickte der Schüler bei der Meditation ein und schlief fest, als der Guru ihn weckte und zurechtwies. »Verzeih«, sagte der Schüler, »aber ich weilte in der geistigen Welt bei den großen Meistern.« »So, so. Und was haben sie gesagt?« »Ich habe sie gefragt, ob mein Guru jeden Nachmittag bei ihnen sei, aber sie behaupteten, ihn noch nie gesehen zu haben.«

Graf Bobby: »Jetzt depeschiert mir der Mucki, ich soll heut nach Budapest kommen, und der Schmeidl depeschiert mir, ich soll heut nach Prag kommen – ja, um Himmels willen: Bin i denn a indischer Guru, daß i zur gleichen Zeit an verschiedenen Orten sein kann?«

1961 wurde in der Frankfurter Paulskirche dem indischen Staatsmann und Philosophen Sarvapalli Radhakrischnan der Friedenspreis des Deutschen Buchhandels verliehen. Nach der Laudatio des Theologieprofessors Ernst Benz hielt Radhakrischnan auf englisch seine Dankrede, wobei er viele Sanskrit-Zitate einfügte. Nach einem besonders langen Sanskrit-Zitat wandte sich Altbundespräsident Theodor Heuss kopfschüttelnd an seinen Nachbarn und murmelte: »I weiß net, mei Englisch wird immer schlechter!«

Mit dem Schraubstock gegen Schmerzen

Von Bacon bis Hume

1584 war Francis Bacon, als Philosoph, Schriftsteller und Naturwissenschaftler der überragende Kopf seiner Zeit, ins Unterhaus gewählt worden. Ungeduldig erwarteten die Parlamentarier seine erste Rede. Aber er schwieg. Endlich verlangte er das Wort. Sogleich herrschte tiefe Stille. Bacon erhob sich und sagte: »Ich möchte bitten, daß das Fenster hier neben mir geschlossen wird; es zieht.« Damit setzte er sich wieder.

Ein Höfling betrachtete im Louvre die Statue des Descartes. »Wer war eigentlich dieser Descartes?« fragte er seinen Begleiter. »Ein Philosoph«, erwiderte der andere. »Ein Philosoph? Schade um den schönen Marmor!«

Spinoza disputierte mit einem Rabbi und behauptete, der Mensch habe dieselbe Natur wie jedes Tier und stehe darum in keiner Weise höher. Der Rabbi lächelte: »Dann frage ich dich, du Freigeist, ob die Tiere vielleicht einen Spinoza aus ihrer Mitte hervorbringen können?«

John Locke, der Begründer des Empirismus, kam auf einer Kutschfahrt mit einem Freund an einer Schafherde vorbei. »Die Schafe sind frisch geschoren«, sagte der Freund. »Scheint so«, erwiderte Locke, »wenigstens auf der Seite, die wir sehen können.«

Gottfried Wilhelm Leibniz, Universalgenie und neben Newton Erfinder der Infinitesimalrechnung, war in jungen Jahren ein bekannter Schwerenöter der barocken Lebewelt.

Als er eines Abends zu Gast auf einem Ball des welfischen Herzogs in Hannover war, gefiel ihm eine Prinzessin aus dem Hause Holstein ganz besonders gut, und er trachtete danach, sie näher kennenzulernen. So scharwenzelte er um sie herum, und als sich eine günstige Gelegenheit bot, fragte er sie: »Verzeihung, Hoheit, darf ich Ihnen ein Integral lösen?« Die Prinzessin sah mit hochrotem Kopf an sich herunter und flüsterte: »Aber ... Herr Leibniz ... doch nicht hier ... vor den ganzen Gästen!« Leibniz, der sah, daß er das schöne, unwissende Kind in arge Bedrängnis gebracht hatte, fügte schnell hinzu: »Ihre Hoheit haben mich sicherlich mißverstanden ...! Was verstehe ich denn Ihrer Meinung nach unter einem Integral?«

»Wenn Sie so fragen, kann ich es mir schon denken!« antwortete die Prinzessin und wandte sich entrüstet von dem verdutzten Liebhaber.

Welt im Spiegel

Herzog Ernst August von Hannover hatte Leibniz 1685 beauftragt, eine Geschichte des Welfenhauses zu schreiben. Als Leibniz 1716 starb, war er gerade einmal bis zum Jahr 1005 gelangt. Daran war aber nicht die Belastung mit anderen Arbeiten, Unlust oder Faulheit schuld, sondern allein die umfangreiche Materie selbst. Denn Leibniz mußte ja zunächst einmal, da die Geschichte des Welfenhauses nicht ohne Zusammenhang mit der Geschichte des Landes betrachtet werden kann,

Geologie treiben. Da aber der Boden, den die Welfen beherrschen, Teil der Erde ist, muß man deren Entstehungsgeschichte untersuchen, also den Ursprung des Planeten erforschen. Zuerst verfaßte Leibniz also eine erd- und naturgeschichtliche Darstellung Niedersachsens unter Berücksichtigung der Entstehung des Kosmos, die er 1694 abschließen konnte. Danach begann er eine Abhandlung über den Ursprung und die Wanderungen der Völker, es folgte eine Darstellung der römischen Geschichte, dann der Kirchengeschichte, und nach weiteren Grundlagenarbeiten begann Leibniz dann völlig überraschend mit der Aufarbeitung der welfischen Annalen, die er sogar noch zu Lebzeiten abgeschlossen hätte, wenn er nicht inzwischen viel zu alt gewesen wäre. Er war nämlich schon tot. Pardon: Ende 60. Und starb mit 70.

Leibniz studierte bis zuletzt und kam tagelang nicht vom Stuhl. Davon bildete sich eine offene Wunde am rechten Bein. Leibniz versuchte die Stelle zu heilen, indem er Löschpapier darauf legte; aber sobald das geschehen war, bekam er die Gicht. Er legte sich hin, und um im Bett studieren zu können, zog er die Beine krumm an sich. Gegen die stechenden Schmerzen wollte er die Nerven unfühlbar machen; deshalb ließ Leibniz hölzerne Schraubstöcke zimmern und überall, wo er Schmerzen verspürte, anschrauben. Dadurch aber verletzte er seine Nerven so, daß er die Füße zuletzt kaum mehr bewegen konnte, zumal er fast stets im Bett lag. In dieser Weise quälte, peinigte und marterte sich Leibniz tapfer weiter, aber die Schmerzen ließen einfach nicht nach. Gegen die Medizin seiner Zeit aber hegte der Philosoph tiefes Mißtrauen, er hielt sie für eine Wissenschaft zum Grab und ließ ihre Vertreter nicht an sich heran. Erst als es nicht mehr anders gehen mochte, rief er doch noch einen Arzt, den befreundeten Johann Philipp Seip. Das war am 13. November 1716. Tags darauf war Leibniz tot.

Der Philosoph George Berkeley war bei Samuel Johnson zu Besuch und geriet vor den Gästen über das Prinzip seiner Philosophie, »esse est percipi«, in Begeisterung: »Was nicht von irgendeinem Geist vorgestellt wird, existiert auch nicht, meine Herren!« Darauf Johnson: »Dann bitte ich Sie dringend, unsere Gesellschaft nie zu verlassen! Gingen Sie weg, so könnten wir doch einmal versäumen, an Sie zu denken und Sie uns vorzustellen – und dann würden Sie sogleich aufhören zu existieren. Wer wollte das verantworten?«

Eine Aristokratin wollte Eindruck auf Montesquieu machen und sagte: »Monsieur, ich kürze meinen Schlaf ab, um zu philosophieren.« »Madame«, entgegnete Montesquieu, »Ihr solltet Philosophie studieren, um besser schlafen zu können!«

Jemand erzählte Montesquieu eine Klatschgeschichte vom Hof und beteuerte: »Ich verwette meinen Kopf auf deren Wahrheit!« Montesquieu lächelte: »Kleine Geschenke erhalten die Freundschaft.«

Bei einem öffentlichen Disput an der Sorbonne behauptete ein Professor, daß die Welt sich beinahe in nichts auflöse, und zitierte den Pater Pétau, der dargelegt hatte, daß in weniger als 300 Jahren ein einziger Sohn Noahs 623 612 358 000 Kinder gezeugt habe – so der Stand im Jahr 285 nach der Sintflut. Darauf fragte jemand, warum es zur Zeit Philipps des Schönen, ungefähr 300 Jahre nach Hugo Capet, nicht 623 Milliarden Prinzen des königlichen Hauses gegeben habe. »Weil«, meldete sich Voltaire zu Wort, »der Glaube nachgelassen hat!«

Bei einem heftigen Meinungswechsel wurde Voltaire von seinem Gegner als Dummkopf beschimpft. Voltaire konterte kühl: »Bisher hielt ich Sie für klug, Sie aber halten mich für dumm – vielleicht irren wir uns beide?«

Voltaire erhielt einen Erpresserbrief: »Wenn Sie nicht sofort 500 Louisdor schicken, werde ich einige nicht ganz feine Geschichten, die ich von Ihnen weiß, zum besten geben.« Seine Antwort lautete: »Wenn Sie mir nur 50 Louisdor schicken, werde ich diese Geschichten noch um ein paar reizende vermehren!«

Als Voltaires Drama *Sophonisbe* bei der Uraufführung ausgepfiffen wurde, fragte Voltaire den Dichter Alexis Piron, was er von dem Stück halte. »Ich glaube«, sagte Piron, »jetzt wäre es Ihnen recht lieb, wenn ich die *Sophonisbe* geschrieben hätte!«

Voltaire prahlte vor d'Alembert, er habe seine *Olympia* in nur sechs Tagen geschrieben. »Dann hätten Sie sich«, versetzte d'Alembert, »am siebten Tag zur Ruhe setzen sollen.«

In einer Gesellschaft erzählte man sich Geschichten über Diebe. Als die Reihe an Voltaire kam, sagte er: »Es war einmal ein Steuereintreiber.« Die Gäste blickten ihn erwartungsvoll an. Voltaire: »Das ist die ganze Geschichte.«

In Sanssouci tafelte Voltaire jeden Abend mit dem König. Dabei langte er so kräftig zu, daß Friedrich sich zu der Bemerkung veranlaßt sah: »Monsieur, Ihr habt einen erstaunlichen Appetit. Ich esse nicht einmal halb soviel!« Voltaire nickte: »Ganz recht, Sire. Aber ich bin bei einem König zu Gast, Sie nicht!«

Seines Esprits wegen wurde Voltaire zu vielen Gesellschaften eingeladen. Einmal sagte ein Tischnachbar zu ihm: »Das Essen war nicht besonders.« Voltaire nickte: »Ich mache auch nur noch zwei geistreiche Bemerkungen und gehe dann.«

Voltaire war ein starker Kaffeetrinker. Eines Tages kehrte er in einem ländlichen Gasthaus ein und fragte den Wirt: »Habt Ihr Zichorie im Haus?« »Ja«, erwiderte der. »Gut, bringt alles her!« Nach wenigen Minuten legte der Wirt die Zichorie auf den Tisch. »Ist das alle Zichorie, die Ihr im Haus habt?« fragte Voltaire. »Gewiß, mein Herr.« »So, dann macht mir jetzt einen Kaffee!«

Ein Mitglied der Akademie hatte einen zweistündigen langweiligen Vortrag gehalten. Um sein Urteil befragt, sagte Voltaire: »Die Rede hatte viel Ähnlichkeit mit dem Schwert Karls des Großen.« Allgemeine Verständnislosigkeit. »Ich meine«, erklärte Voltaire, »sie war lang und flach.«

Als glänzender Rhetoriker hatte Voltaires Akademiekollege Condorcet die Grabreden auf die verstorbenen Mitglieder zu halten. Bei diesen Anlässen strömte das Volk zusammen, was Voltaire zu der Bemerkung veranlaßte: »Ich schätze Condorcets Reden sehr, aber nun sehnen die Leute regelrecht unser Ableben herbei, nur um Condorcet wieder einmal reden zu hören.«

Einer von Voltaires Feinden war gestorben. Voltaire besuchte die Trauerfeier, und man bewunderte die seelische Größe, daß er einem Gegner die letzte Ehre erweise. Voltaire wiegelte ab: »Ich will mich nur vergewissern, daß der Mann wirklich tot ist.«

Auf seiner Grand Tour durch den Kontinent kam der Schotte James Boswell Ende 1764 in die Schweiz und besuchte Voltaire auf seinem Alterssitz in Ferney. Boswell fragte ihn, ob er, der vor 40 Jahren in London gelebt hatte, noch Englisch spreche. »Nein«, wehrte Voltaire ab, »wenn man Englisch sprechen will, muß man die Zunge zwischen die Zähne schieben.« »Aber«, witzelte Boswell, »Sie haben doch noch immer eine scharfe Zunge!« »Das schon«, erwiderte Voltaire, »aber ich habe keine Zähne mehr.«

Auf seinem Landgut in Ferney wurde Voltaire oft von Fremden belästigt, die den berühmten Gelehrten sehen wollten. Als der Diener wieder einen Besucher meldete, sagte Voltaire: »Sagt, daß ich krank bin.« Der Diener kam zurück: »Er drängt, Sie krank zu sehen.« »Sagt, daß ich tot bin!« »Er will die Leiche sehen.« »Sagt, der Teufel hat mich geholt!«

Herr von Voltaire, der merkte, wie die Religion alle Tage an Kraft verlor, sagte einmal: »Das ist doch verdrießlich, denn worüber sollen wir uns nun lustig machen?« – »Oh«, sagte ihm Herr Sabatier de Castres, »trösten Sie sich; an Gelegenheit und Mitteln wird es Ihnen nicht fehlen.« – »Mein Herr«, sagte Voltaire schmerzbewegt, »kein Heil außerhalb der Kirche.«

Nicolas Chamfort

Voltaire und Diderot diskutierten über die Religion. »Wenn es keinen Gott gäbe«, sagte Voltaire, »müßte man ihn erfinden.« »Was man ja dann auch tat«, erwiderte Diderot.

Diderot reiste 1769 auf Bitte der Zarin Katharina durch Rußland und wunderte sich über das schmutzige Aussehen der Leibeigenen. Die Kaiserin verstand sein Befremden nicht und erwiderte: »Warum sollen die Leute einen Körper pflegen, der ihnen nicht gehört?«

Diderot besuchte Jean-Jacques Rousseau in Montmorency, einem kleinen Ort an der Straße von Paris nach Chantilly. Sie gingen an einem Teich vorbei. »Sehen Sie diesen Teich«, sagte Rousseau, »zwanzigmal habe ich daran gedacht, mich hineinzustürzen und meinem unglückseligen Leben ein Ende zu machen.« »Warum haben Sie es nicht getan?« fragte Diderot. »Ich habe einen Fuß hineingesteckt«, erklärte Rousseau, »und das Wasser war zu kalt.«

1764 besuchte der schottische Schriftsteller James Boswell auf seiner Europareise Rousseau, der zurückgezogen in Môtiers lebte, einem abgeschiedenen, von hohen Bergen umgebenen Tal, zwanzig Kilometer von Neuchâtel. »Ist es möglich«, fragte Boswell den Philosophen, »unter Menschen zu leben und seine Eigenheiten zu bewahren?« »Ja«, sagte Rousseau, »mir ist es gelungen.« »Aber kann man dann noch mit den anderen gut auskommen?« setzte Boswell nach. »Wenn Sie ein Wolf sein wollen«, erwiderte Rousseau, »müssen Sie mit den Wölfen heulen.« »In Ihren Büchern schreiben Sie anders«, beharrte Boswell. »Ich«, entgegnete Rousseau, »gebe nicht viel auf Bücher.« »Auch nicht auf Ihre eigenen?« »Nein – alles bloß Geschwätz.« Boswell: »In der Tat, jetzt heulen Sie mit den Wölfen!«

Rousseau wurde von seiner Wirtschafterin sehr kurz gehalten. Als er wieder Besuch von Boswell hatte, blickte er ihn nach einem langen Gespräch vielsagend an und fragte: »Sind Sie ein starker Esser?« »Ja«, sagte Boswell. »Schade«, meinte Rousseau, »ich hätte Sie gern für morgen zum Mittag eingeladen.« »Das war nur Spaß«, sagte Boswell, »außerdem kann ich mir ja einen Schinken mitbringen.« »Ausgezeichnet!« rief Rousseau, »bringen Sie am besten gleich das ganze Schwein mit.«

Helvétius war in seiner Jugend schön wie Gott Amor. Einmal saß er neben einer berühmten Schauspielerin, der ein Finanzmann laut ins Ohr flüsterte, daß es Helvétius mithörte: »Madame, wären Ihnen 500 Louisdor als Gegenleistung für einiges Entgegenkommen angenehm?« »Mein Herr«, antwortete sie, ebenfalls laut genug und indem sie auf Helvétius hinwies, »ich würde Ihnen 500 geben, wenn Sie morgen mit diesem Antlitz zu mir kämen.«

David Hume las bei Hof aus seinen Schriften. Mitten in seinem Vortrag wurde er gewahr, daß nach und nach alle Zuhörer eingeschlafen waren. Er hielt inne und rief mit erhobener Stimme: »Lord Chesterfield!« Der schrak auf und blickte verwirrt um sich. Gelassen sagte Hume: »Es tut mir leid, Sie in Ihrer Ruhe zu stören. Aber ich muß Sie bitten, nicht so laut zu schnarchen, damit Sie nicht Ihre Majestät aufwecken.«

Der junge David Hume hatte der Tochter eines schottischen Adligen aus der Nachbarschaft den Hof gemacht, wurde aber abgewiesen. Jahre später, als Humes Ruf schon weit über die Grenzen Schottlands und des Vereinigten Königreichs gedrungen war, ließ sie ihn wissen, daß sie sich die Sache nochmals überlegt und ihre Meinung geändert habe. »Ich auch«, schrieb Hume ihr zurück.

Immer wieder wurde Hume gedrängt, sein Buch über die Geschichte Englands fortzusetzen. »Ich sollte es wohl tun«, sprach Hume endlich ein Machtwort, »allein – ich bin zu alt, zu fett, zu faul und zu reich dazu!«

Fett, aber keineswegs faul, reiste der lebenslustige Hume 1748 mit einigen Landsleuten durch Italien. Schon in Cremona konnte er nicht mehr an sich halten: »Ach, du armes Italien!« rief er, »die Bewohner hungern inmitten des verfluchten Überflusses der Natur!« Seine Begleiter neckten den dicken Philosophen: »Und du bist schuld daran ...!«

Hume überquerte in Begleitung von Lady Wallace den Firth of Forth, als ein Sturm aufkam. Die Lady wurde ängstlich, doch Hume bemerkte so nebenbei, daß sie beide bald Futter für die Fische sein würden. »Und mit wem werden sie beginnen?« fragte Lady Wallace. »Die Gefräßigen mit mir«, erwiderte Hume, »und die Feinschmecker mit Ihnen, gnädige Frau!«

David Hume war mit Adam Smith befreundet. Beide meldeten sich in Diskussionen selten zu Wort und pflegten geistesabwesend zu sein: Hume starrte anderen wortlos in die Augen, saß still da und tat nichts, Smith murmelte verrücktes Zeug, und sein Körper machte unkontrollierte Bewegungen. Einmal warf er Brot und Butter in den Teekessel und beklagte sich dann über den fürchterlichen Geschmack des Tees.

Hume sprach mit dem Schriftsteller James Boswell über den Tod und meinte, er wünsche nicht, unsterblich zu sein. »Ich fühle mich hier wohl«, begründete er, »und es ist sehr unwahrscheinlich, daß es mir anderswo ähnlich ergehen wird. Überhaupt möchte ich lieber kürzer als schlechter leben.«

Boswell verließ Hume ziemlich verwirrt. Er ging in die Bibliothek, las ein paar von Humes Aufsätzen, fand seine übliche Betäubung bei Alkohol und Prostituierten und gröhlte: »So sollte es immer sein!« Aber er starb mit 54.

Rousseau besuchte Hume Anfang 1766 in England. Er war launisch, oft trübsinnig, um dann wieder enthusiastisch zu werden. Mal saß er eine Stunde beleidigt herum, sprang plötzlich auf und setzte sich Hume auf die Oberschenkel, schlug die Hände um seinen Hals, küßte ihn mit großer Innigkeit, und während er Humes Gesicht mit Tränen benetzte, rief er aus: »Kannst du mir je vergeben, mein teurer Freund? Nach all den Beweisen der Zuneigung, die ich von dir erhalten habe, belohne ich dich mit diesem törichten und unpassenden Benehmen. Aber nichtsdestoweniger habe ich ein Herz, das deiner Freundschaft würdig ist. Ich liebe dich, ich achte dich. Und nicht ein Fünkchen deiner Güte ist an mir verschwendet!«

Am nächsten Tag war Rousseau dann wieder anderer Meinung – und fuhr nach Frankreich zurück.

Nach seiner Englandreise rechnete Rousseau mit seinem Gastgeber Hume in einer Reihe von offenen Briefen ab, doch schadete er nur sich selbst. Beispielsweise schrieb Rousseau: »Wir schliefen im selben Zimmer, als ich Hume während der Nacht mehrmals auf französisch ›Je tiens Rousseau‹ schreien hörte. Ich weiß nicht, ob er geschlafen hatte oder wach war.« Darauf antwortete Hume in einem offenen Schreiben: »Ich kann nicht für alles bürgen, was ich in meinem Schlaf sagen könnte, und noch viel weniger bin ich mir bewußt, ob ich auf französisch träume. Aber bitte, da Herr Rousseau nicht wußte, ob ich schlief oder wach war, als ich diese schrecklichen Worte mit einer solch schrecklichen Stimme äußerte, warum ist eigentlich er sicher, daß er wach war, als er sie hörte?«

Dem Absoluten empfiehlt sich das Urphänomen

Von Kant bis Schopenhauer

Für die letzte Semesterwoche kündigte Immanuel Kant an, noch kurz über die Elemente der Urnebeltheorie sprechen zu wollen. Ein Student erkundigte sich, wieviel Zeit diese Vorlesungen in Anspruch nehmen würden. Kant: »Am Montag beginne ich mit der Weltschöpfung, und am Freitag hoffe ich damit fertig zu sein.«

Der unbekannte Kant

Ein aufsehenerregender Fang gelang deutschen Wissenschaftlern mit der Entdeckung von Immanuel Kants Kollegheften und Arbeitskladden, seiner sogenannten »Sudelbücher«. Sie fanden darin authentisch bestätigt, was Philologen aller Universitäten schon lange vermuteten: daß Immanuel Kant um jeden seiner unvergeßlichen Sätze einen inneren Kampf ausgefochten hat, der nur dem Ringen zwischen Jakob und dem Engel vergleichbar ist.

Für den berühmten »kategorischen Imperativ« findet sich die erste Eintragung vom zehnjährigen Kant: »Ich bin klein und handle rein. Immanuel.«

Aber dieser Satz hielt der kritischen Vernunft des Denkers nicht lange stand.

»Handle stets so, daß Dein Wille geschehe. Kant.« So lautet die Form von 1740. Und damit setzt das große Ringen um Gestalt ein:

»Handle so, daß du, wenn du stirbst, wünschen wirst, maximal gelebt zu haben. Kant.« (1741)

»Handle recht und scheue niemand. Kant.« (Silvester 1741)

Und an dieser schon sehr gültigen Form des kategorischen Imperativs sollte sich bis zur Schlußfassung – die auf eine Anregung von Kants Verleger Laplace zurückgeht – nur noch wenig ändern. In sittlicher Größe steht dieser Befehl der Humanität heute vor uns:

»Handle stets so, daß kein anderer gefährdet, geschädigt oder mehr als nach den Umständen unvermeidbar behindert oder belästigt wird. Kant.«

Es ist bezeichnend für die Allgemeingültigkeit dieses Satzes, daß er ohne Abstriche in unsere Straßenverkehrsordnung übernommen werden konnte – ein weiterer Beweis dafür, daß wir alle den Philosophen und seine scheinbar abseitige Tätigkeit brauchen.

Moritz Winter

Kant lud jeden Mittag Freunde zu Tisch, bewirtete sie mit guter Hausmannskost, vor allem Kabeljau, dicken Erbsen, Teltower Rübchen und Göttinger Wurst, rührte auch selber Senf für seine Gäste an und war für jeden Gesprächsstoff offen. Man konnte an Kants Tafel über Politik so gut reden wie über Klatsch. Allein philosophischen Themen war der Gastgeber bei Tisch abgeneigt und konnte, wenn jemand das Gespräch auf solche Inhalte lenkte, sehr scherzhaft werden. »Zwei Dinge erfüllen das Gemüt mit immer neuer und zunehmender Bewunderung und Ehrfurcht, je öfter und anhaltender sich das Nachdenken damit beschäftigt«, wollte sich einmal ein Gast besonders angenehm aufführen: »Der bestirnte Himmel über mir –« »Und der Teller heiße Nudelsuppe vor mir«, fiel ihm Kant ins Wort und löffelte kategorisch weiter.

Gerne ließ sich Kant, wenn ihm ein Gericht schmeckte, das Rezept sagen, wobei er fachmännisch dies oder jenes kritisierte. Der Schriftsteller Hippel scherzte deshalb einmal, Kant werde über kurz oder lang noch eine »Kritik der reinen Kochkunst« schreiben, doch Kant winkte ab: Das sei nun doch zu schwer.

Alles, was das Auge angriff, war Kant unangenehm. Besonders ärgerte ihn schlechter Druck einer Schrift und blasse Tinte. Eines Tages bekam er eines seiner eigenen Bücher blaß gedruckt zu Gesicht und entrüstete sich: Es sei doch abscheulich, daß man ihn auf diese Weise verhindere, sich selbst zu verstehen.

Kant war überaus vergeßlich. Als er seinen langjährigen Diener Lampe wegen einiger Verfehlungen hatte entlassen müssen, notierte er sich auf einem Zettel: »Der Name Lampe muß nun völlig vergessen werden.«

Um seiner Vergeßlichkeit entgegenzuwirken, gewöhnte es sich Kant an, nützlichen Gesprächsstoff auf kleine Zettel zu notieren. Mit der Zeit wurden es aber so viele, daß der verlangte Zettel auch vom gedächtnisstärksten Diener nicht mehr gefunden werden konnte. Kant wollte die ganze Zettelwirtschaft verbrennen lassen, doch der befreundete Königsberger Diakon Wasianski bat um die Erlaubnis, sie an sich nehmen zu dürfen. »Einige derselben besitze ich noch«, teilt Wasianski in seinen Erinnerungen an den Philosophen mit, »und bewahre sie als Reliquien auf.« So stand darauf zum Beispiel: »Stickstoffsäure ist eine bessere Benennung der Salpetersäure. Clerici, Laici. Jene Regulares, diese Seculares. Das Wort Fußstapfen ist falsch; es muß heißen Fustappen. Der Winterpflaum, den die Schafe von Angora, ja sogar die Schweine haben, die in den hohen Gebirgen von Caschmir gekämmt werden, weiterhin in Indien unter dem Namen Shawls, die sehr theuer verkauft werden. Ähnlichkeit des Frauenzimmers mit einem Rosenknöspchen, einer aufgeblühten Rose und einer Hagebutte.« Oder auch: »Junius, Julius und August sind die drei Sommermonate.« Wasianski faßte diese Zettel für Kant in kleine Büchelchen zusammen, von einem Bogen Postpapier in Sedez gebunden.

Kant erkundigte sich stets sehr aufmerksam, wenn ein Freund krank war, nach dem Befinden, machte aber nicht leicht einen Besuch. Es schien, als ob er vermeiden wollte, durch seinen Besuch zu rühren und gerührt zu werden. Wenn die Freunde der Krankheit schließlich erlagen, mochte er sich nicht weiter durch die Erinnerung an sie aufregen lassen. »Es ist vorbei«, sagte er dann. Als sein regelmäßiger Tischgast Hippel krank lag, erkundigte sich Kant stets sorgfältig nach dessen Befinden und befragte jeden, der zu ihm kam; und doch sagte er am Tag nach seinem Tod in einer großen Mittagsgesellschaft, wo man über den Hingang Hippels ein Gespräch anknüpfen wollte: »Es wäre freilich schade für den Wirkungskreis des Verstorbenen, aber man müßte – den Toten bei den Toten ruhen lassen.«

Jeden Nachmittag besuchte Kant seinen Freund Green, den er stets schlafend im Lehnstuhl vorfand. Kant setzte sich neben ihn, hing seinen Gedanken nach und schlief ebenfalls ein. Dann kam gewöhnlich Bankdirektor Ruffmann und tat ein gleiches, bis endlich Greens Schwager Motherby ins Zimmer trat und die Gesellschaft weckte, die sich dann bis sieben Uhr mit den interessantesten Gesprächen unterhielt.

Pünktlich gingen dann die Freunde auseinander, so daß es für die Anwohner eine stehende Redensart wurde, »es könne noch nicht sieben sein, weil der Professor Kant noch nicht vorbeigegangen wäre«.

Kant hatte feste Grundsätze, wurde darin aber von seinem Freund Green noch übertroffen. Einmal hatten die beiden eine Spazierfahrt für den folgenden Morgen um acht Uhr verabredet. Green, der bei solchen Gelegenheiten schon um dreiviertel mit der Uhr in der Hand in der Stube herumging, mit der fünfzigsten Minute seinen Hut aufsetzte, in der fünfundfünfzigsten seinen Stock nahm und mit dem ersten Glockenschlag den Wagen öffnete, fuhr, da er Kant nicht erblickte, ohne diesen fort und hielt, obwohl er ihn in diesem Augenblick in seine Gasse einbiegen sah, trotz dessen heftigen Gebärden nicht an, weil das gegen die Verabredung und gegen seine Regel war.

In seinen letzten Jahren war Kant äußerst ungeduldig, ohne freilich die geordnete Regelhaftigkeit der Lebensführung darüber zu vergessen, auch nicht bei seinen Mittagsgesellschaften. »Es sollte der Kaffee *auf der Stelle* (ein ihm gewöhnlicher Ausdruck) geschafft werden«, schreibt sein Biograph Wasianski, der häufig zum Mittag bei Kant eingeladen war. »Alle Vorkehrungen waren schon zur schnellsten Bereitung desselben getroffen. Es durfte an dieses ihm so wichtige Werk zu seiner Vollendung nur die letzte Hand angelegt werden. Pfeilschnell eilte der Bediente, den Kaffee in das schon kochende Wasser zu schütten, ihn aufsieden zu lassen und heraufzubringen; doch währte ihm diese kurze, dazu erforderliche Zeit unausstehlich lange. Auf jede Vertröstung erwiderte er etwas anderes und war über Veränderung der Formeln nie verlegen. Sagte man: der Kaffee wird gleich gebracht werden, so erwiderte er: ›*Ja, wird*; das ist der Knoten, daß er erst gebracht werden *wird*.‹ Hieß es: er kommt bald! so fügte er hinzu: ›Ja, *bald*; eine Stunde ist auch bald, und so lange hat es schon nach der Zeit gedauert, als es auch bald hieß.‹ Endlich sagte er mit stoischer Fassung: ›Nun darüber kann ich sterben; und in jener Welt will ich keinen Kaffee trinken.‹ Er stand auch wohl vom Tische auf und rief zur Türe hinaus und das ziemlich verständlich: Kaffee! Kaffee! Hörte er endlich den Diener die Treppe hinaufkommen, so rief er jauchzend: ›Ich *sehe Land*!‹ wie der Matrose vom Mastkorbe. Auch das Kaltwerden des Kaffees erforderte eine für ihn zu lange Zeit; ob er gleich in mehrere Tassen umgegossen wurde. War er endlich zum Genuß völlig fertig, so hörte man auch wohl ein Heisa Hurage, meine Herren! bei dessen Aussprache, besonders des zweiten Wortes, er das r aus

Freude außerordentlich schärfte, und wenn alles genossen war: Und hiemit Basta! welchen Ausdruck er mit einem Tempo, mit dem er die Tasse stark hinsetzte, gewöhnlich begleitete.«

Im hohen Alter sprach Kant sehr uneigentlich. Wenn der Diener ihn an den Ofen bringen sollte, so rief Kant ganz ernsthaft, er wolle »ins Grüne«. Bei Tisch sagte er – nicht im Scherz –, es sei zuviel Meer auf seinem Teller und es fehle an festem Land; damit wollte er andeuten, daß die Suppe zu wenig feste Bestandteile habe. An einem anderen Mittag, als ihm gebackenes Obst gereicht und der dazu gehörige Pudding, in kleine unregelmäßige Stücke zerschnitten, vorgelegt wurde, sagte er: »Ich verlange Figur, bestimmte Figur.« Das sollte die regelmäßigere Form des Obstes bedeuten.

Der Magen, der so lange Zeit hindurch aufs wunderbarste seinen Dienst versehen, und dem oft bizarren Geschmacke seines Besitzers in der Wahl der Speisen nichts entgegengesetzt hatte, der wie ein treuer und anhänglicher Diener von seinem Herrn alles gut und willig aufnahm, was dieser, um sich zu ergötzen, ihm auch zumuten mochte; der Magen fing endlich an, nachlässig zu werden, und tat fast nichts mehr, obgleich ihm auch fast nichts mehr aufgetragen wurde; denn die Neigung zum Essen hatte sich ganz verloren, selbst der Geschmack war so abgestumpft, daß Kant fast keinen Unterschied zwischen den allerentgegengesetztesten Speisen mehr zu machen wußte. Ich erinnere mich, daß er eines Tages sich über die übertriebene

Süßigkeit des sauern Kohles beschwerte, indem er diesen mit kurz vorher genossenen süßen Pflaumen verwechselte.

Reinhold Bernhard Jachmann

Ein Freund besuchte Kant kurze Zeit vor seinem Tod eines Abends und fand ihn rastlos an dem Arm seines Dieners im Zimmer umherirren. Die Gestalt des Gastes nahm Kant wohl nur undeutlich wahr und fragte ohne Aufhören nach den dunklen Gründen vor sich. Was er hier für Gründe meinte, blieb für immer unbekannt; denn als Kant die etwas kühlen Hände des Besuchers faßte, schrie er auf über die kalten Gründe, die er nicht begriffe.

Einer von Kants Anhängern und zugleich Kritikern war Salomon Maimon, der lehrte, die hinter den Erscheinungen stehenden Gegenstände seien »Un-Dinge«. Maimons Verwandtschaft stieß sich an seiner Unfrömmigkeit. Als Maimon einen Vetter in Holland besuchte, zeigte ihm dieser in der Synagoge jenen Schofar, bei dessen Blasen seinerzeit der Bann über den Ketzer Baruch Spinoza ausgesprochen worden war. Bedeutungsschwer fragte der Verwandte: »Weißt du, was das ist?« »Natürlich«, antwortete Maimon, »ein Ochsenhorn.«

Moses Mendelssohn war Buchhalter in einer Handlung in Berlin, und zwar bei einem jüdischen Kaufmann von sehr beschränkter Fähigkeit.

»Das Schicksal ist doch sehr ungerecht«, sagte Herr ... zu ihm: »Sie, ein gescheiter Mann, müssen einem so beschränkten Kopf dienen?«

»Ich finde das sehr verständig von dem Schicksal«, versetzte Mendelssohn: »denn wenn ich Herr wäre, ihn könnt ich nicht brauchen.«

Anekdotenalmanach

Friedrich II. wollte Moses Mendelssohn kennenlernen und lud ihn zu einem Gesellschaftsabend nach Sanssouci. Da Mendelssohn in der fremden Umgebung jedoch schwieg, war der König enttäuscht und schrieb auf einen Zettel: »Moses Mendelssohn ist ein Esel. Friedrich II.« Diesen Zettel befahl er dem Philosophen vorzulesen. Das tat Mendelssohn. Er las: »Moses Mendelssohn ist ein Esel, Friedrich der zweite.«

Bei einem festlichen Diner saß der fromme Jude Moses Mendelssohn, für den eigens koschere Speisen gekocht werden mußten, neben einem katholischen Bischof. »Mendelssohn«, stichelte der, »wann wird die Zeit kommen, da du die gleichen Speisen ißt wie wir?« Mendelssohn: »Auf deiner Hochzeit!«

Moses Mendelssohn und der Buchhändler Friedrich Nicolai saßen in einer Weinstube und sprachen über die Unsterblichkeit. Ein Gast am Nebentisch hörte eine Zeitlang zu, dann stand er auf und trat zu ihnen: »Und ick, ick jloobe nich an ihr!«

»Warum nicht?« wollte Mendelssohn wissen.

»Ja, det is so«, begann der Gast, »sehn Se, wenn ick dran jloobe und se kommt nich, na denn ärgere ick mir. Wenn ick aba nich dran jloobe und se kommt nich, so finde ick weita nischt dabei – aba, wenn ick nich dran jloobe und nu kommt se doch, na, denn freue ick mir.« Damit wandte er sich direkt an Mendelssohn:

»Nu, merken Se wat?«

Zur Blütezeit der Aufklärung, als man alle Religion rational erklären wollte, kamen auf dem Göttinger Marktplatz ein Theologe und ein Physikus ins Gespräch. Der Theologe fragte, ob der Himmel vor oder jenseits des Sirius läge, und erhielt zur Antwort, er läge wohl jenseits des Sirius. Nun fragte seinerseits der Physiker, mit welcher Geschwindigkeit Christus gen Himmel gefahren sei, und bekam die Antwort, so schnell wie eine Kanonenkugel könne es schon gewesen sein. Darauf der Physiker: »Dann fliegt er heute noch.«

Der Pfarrer Sintenis in Zerbst hatte ein dickes Buch mit dem Titel *Pistavon* geschrieben und Friedrich Wilhelm III. von Preußen gewidmet. Durch den Hofprediger war ihm eine Audienz beim König erwirkt worden. Aber schon nach der Begrüßung trat Stille ein; denn den Titel *Pistavon* lesend, wußte der König mit dem merkwürdigen Wort nichts anzufangen, hob den Buchdeckel mit beiden Händen dem Verfasser hin und fragte in seiner kurzen Art: »Was also bedeuten?« Er habe in seinem Buch das Dasein Gottes zu beweisen versucht!, sagte der Pfarrer Sintenis mit Betonung und verneigte sich. »Auch schon das Dasein der Sonne zu beweisen versucht?« fragte der König und reichte das Buch in die Hände seines Verfassers zurück.

Ein Jesuit kam in eine fremde Stadt. Er hielt einen Franziskaner an und fragte: »Können Sie mir sagen, ehrwürdiger Bruder, wie ich zum Jesuitenkolleg komme?« »Das werden Sie kaum finden, hochwürdiger Pater«, antwortete der Franziskaner. »Da müßten Sie nämlich immer geradeaus gehen.«

Als der später berühmte Rabbi Jonathan Eybeschütz sieben Jahre alt war, schickte ihn sein Lehrer nach Bier. Als der Knabe um Geld bat, machte sich der Lehrer einen Spaß und sagte: »Bier für Geld bringen ist keine Kunst. Bier ohne Geld bringen ist eine Kunst.« Jonathan ging fort, kam bald zurück und reichte dem Lehrer den Krug. »Wo ist das Bier?« fragte der. Darauf der Knabe: »Trinken aus einem vollen Krug ist keine Kunst. Trinken aus dem leeren Krug ist eine Kunst.«

Zwei Juden sinnierten. Plötzlich fragte der eine: »Was meinst du, kommen die Gedanken von innen nach außen oder von außen nach innen?« Der andere nickte: »Mein Schwager sagt: Ja.«

Hersch Ostropoler, ein weiser Schalk des 18. Jahrhunderts, war mit dem Gesetz in Konflikt gekommen. Nach seiner Entlassung fragte man ihn: »Wie war es?

Wie waren deine Mitgefangenen?« »Ach«, antwortete Hersch, »es gibt auch unter ihnen Gauner – wie überall.«

Ein alter Rabbi konnte seine Brille nirgends finden. Auf dem Tisch lag sie nicht, auf der Kommode lag sie nicht, zwischen den Seiten des Talmud lag sie nicht... Also begann er einen talmudischen Disput mit sich selbst: »Angenommen, jemand hat sie weggenommen. Dann könnte es einer gewesen sein, der sie braucht, oder einer, der sie nicht braucht. Hat jemand sie genommen, der sie braucht, dann hat er eine eigene Brille, er braucht also meine nicht. Hat sie jemand genommen, der sie nicht braucht, wozu hat er meine Brille nötig? Also hat er sie genommen, um sie zu verkaufen. Wem könnte er die Brille verkaufen? Einem, der sie nicht braucht? Nein. Einem, der eine Brille braucht, weil er seine verloren hat oder weil er sie auf die Stirn geschoben und das vergessen hat? Gewiß.« Und mit triumphierendem Lächeln griff sich der Rabbi an die Stirn und fand dort seine Brille wieder.

Zwei Talmud-Studenten deuteten das Buch Esther bis in die letzten Details. Meinte der eine: »Das verstehe ich nicht! Unsere Weisen berichten, daß die Königin Esther grünlich und gelblich im Gesicht war. Was hältst du davon? Konnte sich ein Herrscher wie Ahasver nicht eine schönere Braut aussuchen?« »Du bist ein Narr!« versetzte der andere. »Glaubst du, König Ahasver hätte als Witwer sitzenbleiben und warten sollen, bis du kommst und dein Fachurteil abgibst?«

Ein Rabbi wurde gefragt, worin die Weisheit des Talmud bestehe. »Ich will es dir an einem Beispiel erklären«, sagte der Rabbi. »Zwei Männer fallen durch einen Schornstein. Der eine bleibt sauber, der andere ist voller Ruß. Welcher wäscht sich?«

»Der voller Ruß natürlich.«

»Falsch! Der Saubere wäscht sich. Er sieht, daß der andere voller Ruß ist, und glaubt, er sei es auch. Der Rußige dagegen hält sich für sauber, weil er sieht, daß der andere sauber ist. Weiter! Die beiden fallen ein zweites Mal durch den Schornstein. Einer kommt rußig heraus, der andere sauber. Welcher wäscht sich?«

»Der Saubere.«

»Nein, beide. Der Rußige sieht, daß er rußig ist, also wäscht er sich. Der Saubere aber sieht den Rußigen, hält sich ebenfalls für rußig und wäscht sich auch. Aber weiter! Die beiden fallen wieder durch den Schornstein. Welcher wäscht sich?«

»Beide?«

»Wieder falsch. Keiner von beiden! Der Saubere sieht, daß er sauber ist, und braucht sich nicht zu waschen. Der Rußige aber sieht, daß der andere sauber ist, hält sich auch für sauber und wäscht sich nicht. Aber es geht noch weiter! Wieder fallen beide durch den Schornstein. Welcher wäscht sich?«

»Ich weiß es nicht.«

»Der Rußige natürlich! Weshalb sollte sich denn der Saubere waschen?! Der Rußige aber sieht doch, daß er rußig ist, und wäscht sich. Aber damit sind wir noch nicht fertig! Denn wieder fallen beide durch den Schornstein. Welcher wird sich waschen?«

»Also gut … nur der Rußige!«

»Eben nicht. Hat man je gehört, daß von zweien, die durch denselben Schornstein fallen, der eine rußig wird und der andere sauber bleibt? – Siehst du, das ist Talmud.«

Ein Fremder kam in ein galizisches Städtchen. Bei dem jüdischen Schneider bestellte er eine Hose. Sie wurde nicht rechtzeitig geliefert, und der Fremde reiste wieder ab. Sieben Jahre später kam er erneut in das Städtchen. Da brachte ihm der Schneider die fertige Hose. Der Fremde wunderte sich: »Gott hat die ganze Welt in sieben Tagen fertiggestellt – und Ihr braucht für eine Hose sieben Jahre?«

Der Schneider strich zärtlich über die Hose: »Seht Euch an die Welt, und seht Euch an die Hose!«

In der Französischen Revolution wurde die Philosophie der Aufklärung zur Tat und ergriff praktisch alle Kreise der Bevölkerung. So suchte ein Klavierfabrikant in Paris den Absatz durch folgende Anzeige zu fördern: »Gleichheit – Freiheit – Brüderlichkeit! Nach dieser Devise baue ich Pianofortes, welche diese Eigenschaften im wahren Sinn des Wortes besitzen: Sie sind durch alle Oktaven ganz gleich, haben einen freien, schönen Ton, und sie werden von mir zu einem wahrhaft brüderlichen Preis verkauft.«

1792 war Friedrich Daniel Ernst Schleiermacher als junger Geistlicher im ostpreußischen Schlobitten tätig. Eines Tages besuchte ihn die Gräfin Dohna-Schlobitten, die Frau des reichen, aber ziemlich geizigen Fideikommißherrn, um irgend etwas wegen der bevorstehenden Weihnachtstage zu besprechen. Plötzlich griff sie in eine kleine Schale, die auf dem Tisch stand, und rief erstaunt: »Nanu! Das sieht aus wie ein Knopf vom Wintermantel meines Mannes. Ich vermisse ihn schon seit Tagen.« Schleiermacher reichte seiner Besucherin den Knopf und sagte: »Nehmen Sie ihn ruhig mit, Frau Gräfin, er war in der Kollekte.«

Schleiermacher war sowohl Hofprediger an der Berliner Dreifaltigkeitskirche als auch Professor an der Universität. Seine Gottesdienste waren stets überfüllt. Als ihm jemand zu dieser Popularität gratulierte, sagte er: »Das liegt aber nicht an meinen Predigten. Mein Publikum setzt sich hauptsächlich aus Studenten, Damen und Offizieren zusammen: Die Studenten kommen, weil ich Mitglied der Prüfungskommission bin, die Damen kommen wegen der Studenten, und die Offiziere kommen wegen der Damen.«

Hofprediger war Schleiermacher 1809 vor allem dank der Fürsprache der Königin und nicht ohne allerhöchste Bedenken geworden. Bei ihrem ersten Gespräch knurrte Friedrich Wilhelm III.: »Große Freude, Sie endlich kennenzulernen.« »Die Ehre ist meinerseits, Majestät.« »Schon viel von Ihnen gehört«, fuhr der Monarch fort, »glaube kein Wort davon!«

Ein Berliner Handwerker führte einen Besucher von auswärts in die wie immer überfüllte Dreifaltigkeitskirche, wo Schleiermacher predigte. Mitten in der Kanzelrede wurde von einem Wahnsinnigen auf den berühmten Theologen geschossen. In der allgemeinen Aufregung sagte der Berliner zu seinem Gast: »Nanu, det war doch früher nich!«

Auf ihren Reisen durch Deutschland lernte Madame de Staël den Philosophen Fichte kennen. Sie forderte ihn auf, ihr sein berühmtes »absolutes Ich« zu erklären. Fichte begann. Bereits nach wenigen Minuten unterbrach ihn Madame de Staël. »Mit Ihrem Ich verhält es sich wie mit dem Baron Münchhausen«, sagte sie. »Er kommt an einen Fluß, klammert sich mit der rechten Hand an seinen linken Arm und schwingt sich ans andere Ufer. Reizend.«

Fichtes Vortragsweise war auf lebendige Mitarbeit berechnet. Der spätere Naturwissenschaftler und Philosoph Henrik Steffens hörte 1798 bei Fichte und hielt seinen Eindruck fest: »Der kurze stämmige Mann mit seinen schneidenden gebietenden Zügen imponierte mir, ich kann es nicht leugnen, als ich ihn das erstemal sah. Seine Sprache selbst hatte eine schneidende Schärfe; schon bekannt mit den Schwächen seiner Zuhörer, suchte er auf jede Weise sich ihnen verständlich zu machen. Er gab sich alle mögliche Mühe, das, was er sagte, zu beweisen; aber dennoch schien seine Rede gebietend zu sein, als wollte er durch einen Befehl, dem man unbedingten Gehorsam leisten müsse, einen jeden Zweifel entfernen. – Meine Herren, sprach er, fassen Sie sich zusammen, gehen Sie in sich ein, es ist hier von keinem Äußern die Rede, sondern lediglich von uns selbst. – Die Zuhörer schienen, so aufgefordert, wirklich in sich zu gehen. Einige veränderten die Stellung und richteten sich auf, andere sanken in sich zusammen und schlugen die Augen nieder; offenbar aber erwarteten alle mit großer Spannung, was nun auf diese Aufforderung folgen solle. – Meine Herren, fuhr darauf Fichte fort, denken Sie an die Wand. – Ich sah es, die Zuhörer dachten wirklich die Wand, und es schien ihnen allen zu gelingen. Haben Sie die Wand gedacht? fragte Fichte. – Nun, meine Herren, so denken Sie denjenigen, der die Wand gedacht hat. – Es war seltsam, wie jetzt offenbar eine Verwirrung und Verlegenheit zu entstehen schien. Viele der Zuhörer schienen in der Tat denjenigen, der die Wand gedacht hatte, nirgends entdecken zu können, und ich begriff nun, wie es wohl auch geschehen könnte, daß junge Männer, die über den ersten Versuch zur Spekulation auf eine so bedenkliche Weise stolperten, bei ihren ferneren Bemühungen in eine sehr gefährliche Gemütsstimmung geraten konnten.«

Als Friedrich Wilhelm Schelling seine Antrittsvorlesung an der Berliner Universität hielt, war der Hörsaal bis auf den letzten Platz gefüllt; nicht nur Studenten, sondern Professoren aller Fakultäten wollten den berühmten Gelehrten sehen und hören. Nachdem Schelling eine Stunde lang einen Gedanken aus seiner Philosophie vorgetragen hatte, herrschte große Stille – niemand hatte auch nur das Geringste verstanden.

Bald hatte Schelling seinen Spitznamen weg: Magister Dunkelhut.

Einen Studenten, der spät aus einer Schelling-Vorlesung kam, fragte ein Kommilitone: »Der Magister Dunkelhut hat wohl wieder überzogen?« »Ja, er sprach mehr als zwei Stunden.« »Und worüber hat er gesprochen?« »Das hat er nicht gesagt.«

Schelling hatte das Unglück, seine eigene Philosophie um Jahrzehnte zu überleben. »Haben Sie mein neues Buch schon gelesen?« fragte er einen jungen Kollegen. »Nein«, antwortete der, »und Sie?«

In Heidelberg war es, wo Hegel dann auch einmal aus der *Phänomenologie des Geistes* las. Die Spannung war groß. »Denn die Erfahrung ist eben dies«, rief Hegel in den Saal, »daß der Inhalt – und er ist der Geist – *an sich*, Substanz und also *Gegenstand* des *Bewußtseins* ist. Diese Substanz aber, die der Geist ist, ist das *Werden* seiner zu dem, was er *an sich* ist; und erst als dies in sich reflektierende Werden ist er an sich in Wahrheit der *Geist.*«

Die Zuhörer trauten ihren Ohren nicht. So war das also mit dem Geist! Unglaublich! Erst als Hegel fortfuhr: »Dies Ich = Ich ist aber die sich in sich selbst reflektierende Bewegung«, atmeten sie erlöst auf, und endlich mit dem Satz: »Dieses Entlassen seiner aus der Form seines Selbst ist die höchste Freiheit und Sicherheit seines Werdens von sich«, hatte Hegel natürlich die Beifallsnicker wieder auf seiner Seite.

Eckhard Henscheid

Einmal, als Hegel wieder zuviel Wein in sich gepfiffen hatte, mußte er pissen. Da fiel ihm auf, daß das »Organ der Zeugung« und das »Organ des Pissens« identisch seien.

Nicht faul, machte sich Hegel auch diesen Fund für seine *Phänomenologie des Geistes* zunutze: »Das in der Vorstellung bleibende Bewußtsein verhält sich als Pissen.«

Eckhard Henscheid

Wie grüblerisch er [der junge Hegel] in solchen freien Ergüssen seines Selbststudiums zur Bezwingung des Gegebenen oft werden konnte, möge als Beispiel folgende Analyse zeigen: »Achilles starb, durch einen Pfeil in der Ferse verwundet. Er hätte eben so gut an jedem übrigen Punct des Körpers verwundet werden können. Die Wunde an jenem Theil war also höchster Zufall. Durch die Richtung des Pfeiles war sie durchaus bestimmt. Aber der getroffene war in Rücksicht der übrigen Theile (auf die er, da er mit ihnen ein Ganzes ausmacht, nothwendig bezogen werden muß) als verwundeter getroffener Theil unterschieden. Diese Möglichkeit der übrigen, verwundet werden zu können, und die entgegengesetzte Wirklichkeit, nicht verwundet zu sein; so wie die Wirklichkeit des Verwundetseins der Ferse und seiner entgegengesetzten Möglichkeit, auch nicht verwundet zu werden, vereinigen die Griechen in der Einbildungskraft durch einen Mythos, das Eintauchen Achill's in den Lethe, nach welchem die nicht verwundeten Theile zugleich nicht verwundet werden konnten, und der verwundete Theil allein nur verwundet werden konnte.« – Eine so tiefe und universelle Natur, wie die Hegel's, war mit jener in die feinsten Schattirungen hinabtastenden Zartheit begabt, welche nothwendig ist, um bis in die letzten Gründe vorzudringen.

Karl Rosenkranz

In Jena las Hegel Philosophie nachmittags von drei Uhr bis vier. Einmal hatte er nach Tisch etwas geschlafen, hörte die Uhr schlagen und eilte in den Hörsaal, wo bereits die Studenten warteten: allerdings auf den Theologen Augusti, der vorher, von zwei bis drei las. Hegel begann ungesäumt seine Vorlesung und war bald so in den Stoff vertieft, daß er die Zeichen, die ihm die Studenten machten, nicht bemerkte. Inzwischen kam aber Augusti, hörte an der Tür sprechen, erkannte Hegels Stimme und zog, weil er sich offenbar um eine Stunde verspätet hatte, wieder ab.

Um drei Uhr trafen Hegels richtige Hörer ein. Rasch gefaßt, begrüßte Hegel sie mit den Worten: »Meine Herren, von den Erfahrungen des Bewußtseins über sich selbst ist die erste die Wahrheit oder vielmehr Unwahrheit der sinnlichen Gewißheit. Bei dieser sind wir stehengeblieben, und ich habe selbst vor einer Stunde eine besondere Erfahrung davon gemacht.«

Goethe schickte dem in Berlin lehrenden Hegel 1821 ein Exemplar seiner *Farbenlehre*. Hegel bedankte sich in einem ausführlichen Brief, in dem er Goethes Naturverständnis und sein Erfassen des Wesens der Erscheinungen als »Urphänomen« rühmte. Erfreut sandte Goethe dem Philosophen nun ein zierliches, gelb gefärbtes Trinkglas, worin sich ein Stück schwarzer Seide befand, die durch das Gelb des Glases blau erschien, und dazu die Widmung: »Dem Absoluten empfiehlt sich schönstens zu freundlicher Aufnahme das Urphänomen.«

Übrigens dankte darauf Hegel nun mit humoristischer Feierlichkeit. Der Wein, schrieb er, sei immer ein großer Verbündeter der Naturphilosophie gewesen, weil er der Welt so deutlich beweise, daß Geist auch in der Natur sei. Aber ein so instruktives Weinglas, wie das von Goethe ihm geschenkte, sei ein wahrer Weltbecher, an welchem der schwarze Ahriman dem lichten Ormuzd zur Folie der Offenbarung diene.

»Von da ab«, schreibt Hegels Biograph Rosenkranz, »blieben Göthe und Hegel in beständigem, wenn auch nicht zu reichlichem Verkehr.«

Donnerstag, den 18. Oktober 1827

Hegel ist hier, den Goethe persönlich sehr hochschätzt, wenn auch einige seiner Philosophie entsprossene Früchte ihm nicht sonderlich munden wollen. Goethe gab ihm zu Ehren diesen Abend einen Tee, wobei auch Zelter gegenwärtig, der aber noch diese Nacht wieder abzureisen im Sinne hatte.

Man sprach sehr viel über Hamann, wobei besonders Hegel das Wort führte und über jenen außerordentlichen Geist so gründliche Ansichten entwickelte, wie sie nur aus dem ernstesten und gewissenhaftesten Studium des Gegenstandes hervorgehen konnten.

Sodann wendete sich das Gespräch auf das Wesen der Dialektik. »Es ist im Grunde nichts weiter«, sagte Hegel, »als der geregelte, methodisch ausgebildete Widerspruchsgeist, der jedem Menschen inwohnt, und welche

Gabe sich groß erweiset in Unterscheidung des Wahren und Falschen.«

»Wenn nur«, fiel Goethe ein, »solche geistigen Künste und Gewandtheiten nicht häufig gemißbraucht und dazu verwendet würden, um das Falsche wahr und das Wahre falsch zu machen!«

»Dergleichen geschieht wohl«, erwiderte Hegel, »aber nur von Leuten, die geistig krank sind.«

»Da lobe ich mir«, sagte Goethe, »das Studium der Natur, das eine solche Krankheit nicht aufkommen läßt! Denn hier haben wir es mit dem unendlich und ewig Wahren zu tun, das jeden, der nicht durchaus rein und ehrlich bei Beobachtung und Behandlung seines Gegenstandes verfährt, sogleich als unzulänglich verwirft. Auch bin ich gewiß, daß mancher dialektisch Kranke im Studium der Natur eine wohltätige Heilung finden könnte.«

Wir waren noch im besten Gespräch und in der heitersten Unterhaltung, als Zelter aufstand und, ohne ein Wort zu sagen, hinausging. Wir wußten, es tat ihm leid, von Goethen Abschied zu nehmen, und daß er diesen zarten Ausweg wähle, um über einen schmerzlichen Moment hinwegzukommen.

Johann Peter Eckermann

Die Unterhaltung bei Tische war meistens der Art, daß Jeder der Anwesenden thätig oder doch stillschweigend Theil daran nehmen konnte. Er [Hegel] sprach nicht ohne äußere Schwierigkeit. Sein Organ war ihm nicht günstig zur Rede; der Ausdruck weder leicht noch elegant; der Schwäbische Dialekt war ihm geblieben; er begleitete stets die Rede mit Bewegung der Arme und

Hände. Hatte man sich indessen mit diesen Äußerlichkeiten versöhnt, so war der Refrain dessen, was man durchhörte, doch gewöhnlich so gehaltvoll, sinnig oder auch so schlagend witzig, daß man auch an der Form nichts auszusetzen fand. Beim Spiel war er nun gar liebenswürdig, man könnte sagen herablassend gegen seine Mitspieler [...]. Er bediente sich dafür gewisser stehender Ausdrücke und Redensarten, die selbst in ihrer Trivialität durch ihn Sinn und Bedeutung erhielten. Er neckte gutmüthig gern diejenigen, die er besonders lieb hatte. So war der Professor Gans, als ein großer Liebling von ihm, oft der Gegenstand seiner scherzhaften Verweise, wenn er während des Spiels etwas zu erzählen begann und dabei die Aufmerksamkeit vom Spiel wandte. »Da schwätzt er und schwätzt und gibt nicht Acht!« pflegte er dann heiter scheltend zu rufen. Wenn er denn aber doch die Partie gewann und der Gegner etwa die honneurs in Anspruch brachte, die ihm nichts mehr helfen konnten, sagte er gewöhnlich schadenfroh lächelnd: »die können Sie sich jetzt an's Bein binden,« – eine Redensart, die bei ähnlichen Fällen noch jetzt von denen in Anwendung gebracht wird, welche sie von ihm gehört haben.

Karl Rosenkranz

Beim Billardspielen rempelte Hegel versehentlich einen Studenten an, der sofort laut wurde: »Wofür halten Sie mich?!« »Für einen wohlerzogenen jungen Mann, der an einem Streit so wenig interessiert ist wie ich«, versuchte Hegel zu beruhigen. »Und Er ist in meinen Augen ein Flegel!« schimpfte der Bursche weiter. »Dann bedaure ich sehr«, sagte Hegel, »daß wir beide uns geirrt haben.«

Einmal sandte der Dichter Heinrich von Stieglitz Hegel einen Mitternachtsgruß, in welchem er beredt die Gefahren der Zeit schilderte, die drohende Aussicht einer allgemeinen Anarchie durch die »von Rußlands Steppen bis zum Seinestrand Entfesselten« beschwor und den Philosophen zum Kampf aufrief. Er schloß sein Gedicht:

Halte Wacht, Du Fürst der Geister!
Wahrlich, kommen wird die Stunde,
Wo es gilt, daß selbst der Meister
Mit dem gottgeweihten Munde

Laut das Wort, das rechte, nenne,
Dem allein der Zauber inwohnt,
Daß der hohle Schein sich trenne
Von dem Wesen, wo der Geist thront.

Am Tag darauf antwortete Hegel mit folgenden schier unaussprechlichen Versen:

Willkommen mir des Freundes Grüßen!
Nicht Gruß nur, Fordrung von Entschlüssen
Zu Wortesthat, um zu verschwören
Die Vielen, Freunde selbst auch, die zum Wahnsinn sich empören.

Doch was ist ihr, die Du verklagst, Verbrechen,
Nur daß sich jeder selbst will hören, obenan will sprechen;
So wär' das Wort, dem Übel abzuwehren,
Selbst nur ein Mittel, dies Unheil noch zu mehren.

Und käm's, wie's längst mich drängt, doch
loszuschlagen,
So wär' Dein Ruf ein Pfand, es noch zu wagen,
Mit Hoffnung, daß noch Geister ihm
entgegenschlagen,
Und daß es nicht verhall' in leere Klagen,
Daß sie's zum Volk, zum Werk es tragen!

Später, in seiner Vorlesung über die Ästhetik, gelangte Hegel dann zu seiner Auffassung vom Ende der Poesie.

Auf einer Abendgesellschaft kam Hegel mit einem preußischen General ins Gespräch, der ihn nicht kannte. Als der nach längerer Unterhaltung den Namen seines Gegenübers erfuhr, fragte er ungläubig: »Sie sind der berühmte Philosoph Hegel?« »Jawohl.« »Wie ist das möglich?!« wunderte sich der General. »Sie reden ja ganz vernünftig.«

Zurück von seiner großen Weltreise, stichelte der Naturforscher Alexander von Humboldt, der jeder Spekulation abhold war, in seinen Vorträgen gegen eine »Metaphysik ohne Kenntnis und Erfahrung«. Hegel, der davon Wind bekam, fragte bei Humboldt an, wie denn solche Bemerkungen zu verstehen seien. Humboldt aber wußte gar nicht, was Hegel meinte, und schickte dem Philosophen sein Vortragsmanuskript, in welchem Hegel tatsächlich nichts Anstößiges fand.

Was er freilich nicht wußte: Humboldt hatte ihm das falsche Manuskript geschickt. Und stichelte weiter.

Große Mode auf den Gesellschaften des Biedermeier war das Rätselraten. Besonders Schleiermacher tat sich als findiger Kopf hervor. Einmal verspottete er die Terminologie Hegels mit der Scherzfrage: »Was ist das relative Nichtsein in dem unmittelbaren Umsich-, Ansich- und Fürsichsein der passiven Kausalität des Absoluten?« Richtige Antwort: »Ein Loch im Hemd der Muttergottes.«

Wie bekannt, bezeichnete Hegel solche Menschen, deren sich die »List der Vernunft« bedient, als »Geschäftsführer des Weltgeists«. Als er nun aber dem treuen Niethammer gegenüber in einem Brief den Kaiser Napoleon als »Weltseele« bezeichnete, da kannte sich der Jenaer Gelehrte überhaupt nicht mehr aus und beschwerte sich bei Hegel über die Ungereimtheit, worauf sich Hegel diesen Ton verbat und seinen späteren Biografen dahin beschied, Gott, also der absolute Geist, entlasse sich zwar, laut »Enzyklopädie der philosophischen Wissenschaften« von 1817, in die Natur, sei also objektiver Geist, indessen der Mensch nur subjektiver Geist sei; indessen der Staat, laut »Rechtsphilosophie« von 1821 »die sich wissende sittliche Wirklichkeit des Geistes«, bilde eben als die moderne konstitutionelle Monarchie mit der Verfassung Abschluß, Vernunft und Sinn der Geschichte, wobei freilich das Vernünftige nun gerade das Geistige – nein, diese Anekdote ist zu langweilig, als daß wir sie begreifen könnten. Geschweige denn sollten. Geschweige denn Niethammer.

Eckhard Henscheid

Alles Wirkliche ist vernünftig, hatte Hegel gelehrt. Ein Student sollte nun in der Prüfung eine praktische Folgerung aus diesem Satz ziehen, versagte aber kläglich, so daß ihn der von Minute zu Minute mehr verärgerte Hegel endlich einen Dummkopf schalt. »Halt!« rief der Student. »Wenn alles Wirkliche vernünftig ist, dann ist es mit der ewigen Wahrheit der Philosophie unvereinbar, mich für einen Dummkopf zu halten!«

Hegels Antwort ist nicht überliefert.

Auf dem Sterbebett mußte sich Hegel eingestehen: »Eigentlich hat mich von allen meinen Schülern nur der Gans verstanden«, Hegel hielt kurz inne, »– und der nur falsch.«

Als Hegels treuer Schüler Eduard Gans als Professor bestallt worden war und nach seiner Antrittsvorlesung vom Katheder stieg, hatte Hegel ihn noch sehr gelobt: »Sehr schön, mein lieber Gans, wirklich sehr schön! Und sogar – gar nicht schlecht!«

Als der Hegelianer Carové Goethe besuchte, öffnete er alle Schleusen seiner Beredsamkeit, um dem Dichter einen Begriff von der neuesten Entwicklung der Hegelschen Philosophie zu geben. Goethe hörte Carové mit großen Augen an, ohne ein Wort zu sprechen; endlich stand er auf, zog die Glocke und sagte zu dem eintretenden Diener: »Bringen Sie dem Herrn eine Tasse Bouillon!«

Es muß Anfang des 19. Jahrhunderts gewesen sein, da fragte ein Sohn seinen Vater: »Hat Gott die Welt erschaffen?« »Ja, mein Sohn.« »Hat er sie fertigbekommen?« »Ja.« »Was tut er dann jetzt?« »Er sitzt Modell für das Absolute bei Fichte, Schelling und Hegel, mein Sohn.«

Der Marienbader Theaterdirektor Linbrunner gab sich gern den Anstrich hoher Bildung, indem er seinen jeweiligen Gesprächspartner unvermittelt mit der Frage überraschte: »Kennen Sie Schelling? Haben Sie Hegel gelesen?« Wenn der andere bejahte, blickte ihn Linbrunner bedeutungsvoll an und sagte: »Gewaltige Philosophen!« Damit war der philosophische Diskurs des Marienbader Theaterdirektors aber schon wieder am Ende.

Professor K. in B. hatte einen Sohn, der Professor in L. war. Der Professor-Sohn schrieb dem Professor-Vater und bat um Geld. Dieser antwortete ihm mit den Worten:

»Mein Sohn! Entweder hat ein Professor Geld, in diesem Falle brauchst Du keines, oder er hat keines, und in diesem Falle kann ich Dir auch keines schicken.«

Berliner Anecdoten

Der Philosophie-Professor hielt eine Prüfung ab und fragte den Studenten aus Bayern: »Sagen Sie mir, Herr Kandidat, was versteht man unter Logik?« »Woos? Der Herr Professor wissen nicht, wos Logik is?!«

Mit Clausewitz nahm es ein schlimmes Ende. Kaum daß es ihm endlich gelungen war, für den Krieg eine vernünftige Begründung zu finden, da putzte ihn auch schon der Tod schnurstracks hinweg – Clausewitz schnarrte noch: »Der Tod ist die Fortsetzung des Lebens mit anderen Mitteln«, seufzte tief und rutschte hinüber. Das war 1831.

Paul Schabacker

Als junger Mann besuchte Schopenhauer den 78jährigen Wieland, der ihm dringend von der Philosophie abriet, die kein solides Fach wäre. »Das Leben«, antwortete Schopenhauer düster, »ist eine mißliche Sache; ich habe mir vorgesetzt, es damit hinzubringen, über dasselbe nachzudenken.« Er ließ sich weiter pessimistisch über das Leben aus, und Wieland sagte schließlich: »Ja, Sie haben das Rechte gewählt, junger Mann; bleiben Sie bei der Philosophie.«

Als Schopenhauer 1813 mit seiner »Abhandlung über die vierfache Wurzel des Satzes vom zureichenden Grunde« promoviert hatte, überreichte er ein Exemplar seiner Mutter, der Unterhaltungsschriftstellerin Johanna Schopenhauer. Sie spottete: »Die vierfache Wurzel – ist das ein Buch für Zahnärzte?« Schopenhauer stolz: »Das wird man noch lesen, wenn von deinen seichten Romanen kein Exemplar mehr aufzutreiben sein wird.« Sie: »Und von deinen Büchern wird die ganze Auflage noch zu haben sein.«

Beide behielten recht.

Arthur (»Arthur«) Schopenhauer war Hegeln bekanntlich allzeit spinnefeind. Als er 1820 in Berlin lesen wollte, verlegte er deshalb seine Collegia akkurat so, daß sie mit Hegels Hauptvorlesungen kollidieren sollten – dann werde, so Schopenhauer, sich schon erweisen, wer heller im Kopf sei, nämlich die mehreren Studenten anlocke. Indessen, während Hegels Vorlesungen ihre Attraktion vollkommen behaupteten, kam zu Schopenhauer fast niemand, und der alte Pessimist mußte einsehen, daß sein Optimismus nur zu ungerechtfertigt gewesen war. Tröstete ihn der alte Rektor Schleiermacher, der damals Rektor war: »Arthur, die Philosophie muß sich hüten, erbaulich sein zu wollen!«

Daß dies eine typische Schleiermachersche Rankünе war, nämlich ein typisches Hegel-Zitat (aus der Vorrede der *Phänomenologie*), erkannte der junge dumme Schopenhauer nicht und weiß es bis zum heutigen Tag nicht. Requiescat in pace – sagen wir es ihm auch nicht …

Eckhard Henscheid

Einmal wollte sogar Goethe, seiner konzilianten Natur gemäß, zwischen Hegel und Schopenhauer vermitteln, mit denen er beidseits befreundet war, wenn auch nicht sehr, und ein Band stiften. Aber es klappte nicht. Goethes Tod kam dazwischen. Und der Hegels schon vorher.

Eckhard Henscheid

1831 floh Schopenhauer vor der Cholera aus Berlin nach Frankfurt am Main. Die Berliner Studenten spotteten über ihn: »Er hätte hier bleiben und in seinen Hörsaal ziehen sollen – er war doch sein einziger Hörer.«

Schopenhauer war beim Mittagessen in seinem Frankfurter Stammlokal in ein Gespräch mit einem guten Bekannten vertieft und bemerkte den Kellner nicht, der ihm den Teller füllen wollte. Endlich sagte der Bekannte: »Nun nehmen Sie doch ›a priori‹, daß ich ›a posteriori‹ auch nehmen kann.« Da schrie Schopenhauer ihn an: »Das sind heilige Ausdrücke, die man nicht profanieren darf und deren Wichtigkeit Sie gar nicht imstande sind zu begreifen!« Von da an mied Schopenhauer jede Unterhaltung mit diesem Bekannten und aß stets an einem anderen Platz, um vor solchen Ignoranten geschützt zu bleiben.

Einmal saß Schopenhauer am Mittagstisch neben einem Mann, der ebenso dumm wie eingebildet daherredete und sich noch brüstete, ein großer Skeptiker zu sein. Endlich fragte Schopenhauer: »Sind Sie so skeptisch, daß Sie an nichts zu glauben vermögen?« »Das nicht, aber ich glaube nur, was ich mit meinem Verstand begreifen kann.« »Das«, beschied ihn Schopenhauer, »bedeutet im Ergebnis dasselbe.«

Lady Byron hatte inkognito an Schopenhauers Tafel gespeist. Erst hinterher setzte der Wirt, der Schopenhauers Charakter kannte, ihn in Kenntnis. »Warum haben Sie mir das nicht eher gesagt?« beschwerte sich Schopenhauer. »Ich hätte der Dame gern Grobheiten gesagt.« »Eben«, sagte der Wirt, »das dachte ich mir.«

Schopenhauer war bei einem Frankfurter Bankier eingeladen. Man aß und trank die köstlichsten Speisen und Weine. Nach dem Dessert setzte der Philosoph zu einer Tischrede an und wandte sich an den Gastgeber: »Wahrhaftig, Ihre Gemahlin hat uns heute wieder einmal so wunderbar bewirtet, daß ich mich lebhaft an das bekannte Wort aus dem Götz erinnert fühle ...«

Die Tischgesellschaft erstarrte, aber Schopenhauer fuhr fort: »Ich denke an die Stelle, wo der Bruder Martin so schön sagt: ›Wohl dem, dem Gott ein solches Weib gegeben!‹«

Schopenhauer hatte einen Pudel, der »Atma« hieß, Weltseele; doch in der Öffentlichkeit rief der Hundefreund und Misanthrop ihn mit profanen Namen und nannte ihn, wenn er mit ihm schimpfte, »du Mensch«. Eines Tages kam er mit einem Hundebesitzer ins Gespräch, der die Klugheit seines Vierbeiners lobte. »Sie werden es nicht glauben«, prahlte er, »aber wenn er sprechen könnte, wüßte er gerade soviel wie ich selber!« »Gewiß«, versetzte Schopenhauer, »aber wollten Sie mir nicht seine Klugheit beweisen?«

Ein junger Schopenhauer-Verehrer faßte sich ein Herz, als er den Philosophen in Frankfurt bei einem Spaziergang sah, trat auf ihn zu und stellte sich vor: »Gestatten – Georg Wehmeyer aus Offenbach.«

Schopenhauer: »Möglich!«

Und ging weiter.

Schopenhauer hatte einen grimmigen Humor. Einmal hörte er bei einem furchtbaren Unwetter jemanden an die Tür klopfen. Als er öffnete, stand draußen ein triefendnasser Bote, der ein wenig zaghaft irgendeine überflüssige Bemerkung über das Wetter machte. Schopenhauers Antwort: »Bloß gut, daß keiner da draußen ist.«

Schopenhauer war ein Menschenfeind, aber er hatte auch Augenblicke der Gutmütigkeit. »Es würde mich nicht verwundern«, seufzte er einmal, »wenn es einen ehrenwerten Menschen gäbe, der verborgen in einem abgelegenen Ort lebt und den niemand kennt.«

Sein schroffes Wesen bewahrte sich Schopenhauer über den Tod hinaus. In seinem Testament hatte er eine Obduktion verboten. Begründung: »Haben sie vorher nichts gewußt, so sollen sie auch nachher nichts wissen.«

Deutlicher konnte Schopenhauer seinen Zweifel kaum ausdrücken als durch die Verse, die man in seinem Nachlaß fand:

> »Gott – wenn du bist – errette aus dem Grabe
> Meine Seele – wenn ich eine habe!«

Schade um das Fahrgeld

Von Marx bis Husserl

In Heidelberg war es, da spielten Hegel, Georg Friedrich Creuzer und Jean Paul einmal Skat. Der junge Marx wollte ein wenig kiebitzen, allein Georg Wilhelm Friedrich Hegel ließ es nicht zu, sondern beschied den jungen Feuerkopf dahingehend, der Weltgeist lasse sich erst »post festum in die Karten gucken«. Marx, der nicht recht Latein konnte, fragte Hegel, wie er das meine. Das hätte er besser nicht tun sollen. »Junger Freund«, hob Hegel an, während Jean Paul sich schon wieder nachgoß und Georg Friedrich (»Der Blödl von Heidelberg«) Creuzer wohl zum dreißigsten Male hintereinander mischte, so daß er nie zum Ausspielen kam und deshalb entsprechend viel verlor, »junger Freund, wenn die Philosophie ihr Grau in Grau malt, dann ist eine Gestalt des Lebens alt geworden« (belustigt blinzelte Hegel hier auf Creuzer hin, doch Jean Paul, besoffen, bekam es nicht mit), »und mit Grau in Grau läßt sie sich nicht verjüngen, sondern nur erkennen; denn die Eule der Minerva beginnt erst in der Dämmerung ihren Flug, klar?« vollendete Hegel unter Creuzers Gekichere (dumm) und Jeans Pauls Gewiehere (schwer besoffen), »mit anderen Worten: lassen Sie das. Bei mir sehen Sie nichts, und wenn Sie sich auf den Kopf stellen!«

Ergrimmt, ja beleidigt schlich Marx sich vom Tisch weg und vertraute auf dem Heimweg Engels an, die groteske Felsmelodie von Hegels Dialektik behage ihm sowieso nicht, und man müsse umgekehrt ihn, Hegel, auf den Kopf stellen!

Daraus ging dann später der Marxismus und aus diesem der Sozialismus und später der Kommunismus hervor (Lenin, Breschnew u. a.). Und wer um diesen weiß, der weiß, um werweiß wieviele … jedenfalls sahnte Hegel an diesem Abend noch ganz schön ab, besonders bei Jean (»schwerst besoffen«) Paul.

Eckhard Henscheid

In London begegnete Karl Marx dem Reformpolitiker und Sozialismustheoretiker Robert Owen. Owen: »Guten Tag, Mister Engels.« Marx: »Guten Tag, Mister Bakunin.«

Eigentlich wollte Marx Dichter werden. Einige Produkte seiner Muse haben sich erhalten. Sie heißen »Lied der Elfen«, »Lied der Gnomen«, »Lied der Sirenen« oder auch »Schicksalstragödie«. Die geht so:

Das Mägdlein steht da so bleich,
so stille und verschlossen;
die Seele, engelweich,
ist trüb und verdrossen.
Sie war so fromm, so mild,
dem Himmel ergeben,
der Unschuld seliges Bild,
das Grazien weben.
Da kam ein Ritter hehr
auf prunkendem Rosse,
im Auge ein Liebesmeer
und Glutgeschosse.

Das traf so tief in die Brust;
doch er zog von dannen,
hinstürmend in Kriegeslust;
nichts mag ihn bannen.

Die bleiche, stille Dichtkunst blieb Marx dann doch verschlossen. Hinstürmend in Kriegeslust, zog es ihn zur Philosophie.

Die Wahrheit über den Studiosus Marx

»Der hat die Arbeit auch nicht erfunden« – wie oft hören wir diese Redensart, wenn von uns gesprochen wird.

Auch der junge Student Karl Marx mußte sie sich bei seinen Wochenendheimfahrten immer wieder von seinem Vater anhören. So auch eines Tages beim Mittagessen! Zornig verließ da Karl schnurstracks die Tafel, und während sich sein Vater alsbald zum Verdauungsschläfchen aufs Sofa rollte, verschloß er sich in seinem Jugendzimmer und kam auch erst zum Abendbrot, als er *Das Kapital* fertiggeschrieben hatte und alle schon am Mampfen waren.

»Du hast die Arbeit auch nicht erfunden«, begrüßte ihn sein grollender Vater, der am Nachmittag wieder ganz allein das Kartoffelfeld im Garten umgraben und im Erdbeerenbeet die E's hatte zählen müssen.

»Doch, Tateleben!« entgegnete Karl trotzig und wies auf den riesigen Packen eng beschriebener Manuskriptblätter in seiner Hand, »ich habe die Arbeit erfunden!«

»Aha«, schalt ihn sein Vater, »nicht arbeiten, aber dumm daherreden, was?«

Karl Marx aber ließ sich durch das väterliche Schimpfwort nicht beirren und trieb sein Studium voran, bis er eines Tages sogar den Marxismus fertig ausgedacht hatte – und da erkannte er schließlich endlich, daß er die Arbeit tatsächlich nicht erfunden hatte. War ja kein Arbeiter, sondern bloß Intellektueller, der Döskopp!

Und das war eigentlich auch ganz schön.

Paul Schabacker

Ein Arbeiter im Kohlenpott erzählte einem Kumpel, er habe die Werke von Karl May geschenkt gekriegt. »Vertust du dich da nicht?« fragte der andere. »Das waren sicher die Werke von Karl Marx!« »Mann, hast recht! Ich hab schon zwanzig Seiten gelesen und mich gewundert, daß noch immer kein Indianer auftaucht.«

Der Professor der Philosophie Johann Bernhard Wilbrand in Gießen begann sein Kolleg zu Semesterbeginn stets mit den Worten: »Meine Herren, die Philosophie kann nicht gelehrt und nicht gelernt werden ...« Bis einmal ein Student in der vordersten Bankreihe aufstand und sagte: »Entschuldigen Sie, Herr Professor, wenn ich an die Kommilitonen eine Frage richte: Was sollen wir in einer Vorlesung, in der nichts gelehrt und nichts gelernt werden kann?«

Alle Hörer erhoben sich wie ein Mann und verließen vor den Augen des verdutzten Professors den Hörsaal.

Der schwermütige Kierkegaard brachte das Kunststück fertig, allen Leuten den Eindruck zu vermitteln, er sei eine muntere, lebensfrohe Natur – allen, ausgenommen sich selbst. Sein Tagebuch ist der Beweis. 1836 findet sich zum Beispiel diese Eintragung:

»Ich komme jetzt eben aus einer Gesellschaft, wo ich die Seele war, die Witze strömten aus meinem Munde, alle lachten, alle bewunderten mich – aber ich, ja, der Gedankenstrich müßte genau so lang sein wie die Radien der Erde ——————————————

——— ging fort und wollte mich erschießen.«

Gauß' Nachfolger in Göttingen, der Mathematiker Peter Gustav Lejeune Dirichlet, war hochgradig schreibfaul. Bei der Geburt seines Kindes telegrafierte er seinen Schwiegereltern einfach: »1 + 1 = 3.«

1861 wurde das erste Telefonat der Welt geführt. Es bestand nur aus zwei Sätzen. Als das Experiment unvermutet glückte, sagte Philipp Reis: »Die Pferde essen keinen Gurkensalat.« Verdattert antwortete der Freund am anderen Ende der Leitung: »Das weiß ich längst.«

Als Hermann Lotze Sextaner war, spielte sich eine Szene ab, die noch Jahre später, als er längst Moralphilosophie lehrte, zuweilen seine Träume beunruhigte.

Es war in einer sommerlichen Lateinstunde – der kleine Lotze hatte einen Kork auf sein Taschenmesser gespießt und trommelte damit leise unter der Bank. Der Lehrer erwischte ihn, schrieb einen Tadel ins Klassenbuch und sprach:

»Noch fehlt dir die Einsicht für dein Tun, o unglückseliger Knabe! Aber je mehr dein Verstand reifen wird, desto furchtbarer wird dich die Reue verfolgen dafür, daß du einst mit einem aufgespießten Kork unter der Bank trommeltest.«

Hermann Lotze war mit seinem Diener unzufrieden. »Lesen Sie Ciceros Briefe über die Pflichten«, mahnte er den Säumigen, »und putzen Sie mir das nächste Mal meine Stiefel besser!«

Kuno Fischer, der in Heidelberg lehrte, war zur Exzellenz ernannt worden und platzte vor Stolz, wenn man ihn mit dem Titel anredete. Seine Studenten, die die Eitelkeit ihres Professors nur zu gut kannten, postierten deshalb an jeder Ecke des Wegs, den der Philosoph von seiner Wohnung zum Hörsaal zurücklegen mußte, einen Dienstmann, der höflich die Mütze lüftete und laut sagte: »Guten Morgen, Herr Fischer!«

Bei einer Kampfwahl zum Prorektorat hatte Kuno Fischer gegen den Juristen Immanuel Becker verloren. Am Abend ging Fischer mit seiner Frau spazieren und kam am Haus des siegreichen Kontrahenten vorbei. Fischer wußte, daß hinter den geschlossenen Läden bei Kerzenlicht eine Professorengesellschaft dinierte, zu der er nicht eingeladen war. Mit dem Finger zeigte Fischer auf das dunkle Haus: »Dort sitzen sie, essen und trinken – und lästern über mich.«

Nachdem er sein bedeutendes Werk *Über den Witz* veröffentlicht hatte, wurde Kuno Fischer an den badischen Hof nach Karlsruhe geladen. Er brachte eine nette Erinnerung an seinen Großherzog mit nach Hause. »Es war reizend«, berichtete er seinen Kollegen. »Anscheinend hatte Durchlaucht mein Buch gelesen. Wenigstens machte er ein paar ganz amüsante Bemerkungen, denen ich das entnehmen durfte. Als ich dann erwähnte, daß ich der führende deutsche Philosoph sei und in drei Monaten zu einem Kongreß wieder nach Karlsruhe kommen würde, unterbrach er mich allergnädigst und sagte, ich bräuchte mich durchaus nicht noch mal zu bemühen ... 's wär schade ums Fahrgeld.«

Man sprach über die Bedeutung Bismarcks, und gegen die allgemeine Zustimmung meldete Kuno Fischer Bedenken an: »Meine Herren, Bismarck hat niemals wissenschaftliche Arbeit geleistet. Die Gründung des Deutschen Reichs halte ich nicht für eine besondere Leistung.« Etwas konzilianter fügte er hinzu: »Hätte er darüber eine Dissertation angefertigt, dann müßte ich ihn selbstverständlich als einen bedeutenden Mann anerkennen.«

Eines Morgens wurde Kuno Fischer durch Straßenarbeiten vor seinem Haus gestört. Er trat auf den Balkon und herrschte die Arbeiter an, augenblicklich aufzuhören, doch ohne Erfolg. Auch beim zweiten Anschnauzer fuhren sie ungerührt in ihrer Arbeit fort. Schließlich ging er zu ihnen hinaus, ganz gesammelte Würde, und sprach die gemessenen Worte: »Wenn der Lärm nicht sofort aufhört, nehme ich den Ruf nach Berlin an!«

Auf einer Abendgesellschaft wurde lebhaft über Opernmusik gesprochen. Da erhob sich seine Exzellenz, der Geheimrat Kuno Fischer langsam, worauf vollständige Stille eintrat. Mit abweisendem, verschleiertem Blick sprach er bedächtig die Worte: »Es ist schade, daß ich nicht musikalisch bin – ich hätte viel Schönes über die Musik sagen können«– und setzte sich langsam wieder.

Als stolzer Philosoph betrachtete Kuno Fischer die anderen Wissenschaften nur als eine Art Handwerk. So fragte er während einer Rede des Chemikers Rudolf Wilhelm Bunsen seinen Nachbarn: »Was hat der Apotheker gerade gesagt?«

Bei Bunsens Beerdigung hielt der Rektor eine lahme Rede und schloß mit den Worten: »Und nun, teurer Verblichener, nehmen wir Abschied von dir. Wir werden dich nie vergessen.« Man ging auseinander, nur Fischer blieb stehen und murmelte: »Entsetzlich! Entsetzlich!« Ein Adept näherte sich ihm und bemerkte, Bunsen habe doch ein ruhmvolles Leben gehabt, weshalb also Exzellenz fassungslos sei vor Schmerz? »Nicht Bunsens wegen«, erwiderte Fischer, »aber wenn ich bedenke, daß nach meinem Tode ein solches Schaf an meinem Sarge blöken und sich erdreisten wird, mich, die Exzellenz Fischer, zu duzen – entsetzlich! entsetzlich!«

Nietzsche in Not

Wieder einmal machte sich Richard Wagner Sorgen um den jungen Professor Nietzsche, der immer wieder von Basel übern See nach Tribschen kam, der Hausfrau Cosima seine Aufwartung zu machen und dem Meister zu huldigen. Anfang der 70er Jahre schrieb dieser ihm einen Brief mit der dringenden Bitte, sich zu bessern und sein Leben zu ändern. »... Ich meinte, Sie müßten heiraten oder eine Oper komponieren; eines würde Ihnen so gut und schlimm wie das andere helfen ...« Fritz, wie er im Hause Wagner genannt wurde, machte sich auf, nahm den nächsten Schwan und fuhr über den glänzenden Vierwaldstätter See, »Hoiho, Meister Wagner!« Wagner staunte nicht schlecht, als der Ankömmling bei ihm genau um die Hand seiner Frau anhielt. Der aber konnte dem Antrag eines wohletablierten Beamten und Professors nichts entgegensetzen, und froh, die strenge Cosima versorgt zu wissen, gab er dem Bund seinen Segen – »Wenn's denn Eurem Wohlergehen dient!« Und keine neun Monate später konnte der Ehemann dem Meister die Partitur einer Oper überreichen: »Die Hochzeit des Zarathustra« mit der Widmung: »Aber seine Frau kauft auch der Listigste noch im Sack«. Da hat Wagner sofort die Hohe Frau zurückgeholt und seinerseits Zarathustra zitiert:

»Ja, ich wollte, daß die Erde in Krämpfen bebte, wenn sich ein Heiliger und eine Gans miteinander paaren.«

Professor Nietzsche aber soll vollends verrückt geworden sein und seinen Lehrstuhl aufgekündigt haben.

F. W. Bernstein

Der junge Professor Nietzsche wurde von den Fachkollegen nie richtig ernst genommen. Dieses Schicksal kündigte sich früh in Nietzsches akademischer Laufbahn an, im ersten Semester. Er und sein Schulfreund Paul Deussen hatten gemeinsame Empfehlungsschreiben, statteten in Bonn den Professoren Besuche ab und kamen zu Ritschl, in dessen Haus ein ständiges Kommen und Gehen herrschte: »Also Deussen ist Ihr Name. Nun, besuchen Sie mich recht bald wieder.« Nietzsche stand betroffen und stammelte, daß auch von ihm die Rede in dem Brief sei. »Ach ja«, rief Ritschl, »es sind zwei Namen, Deussen und äh ... Nietzsche. Freut mich, freut mich! Und besuchen Sie mich recht bald wieder, Herr äh ... Deussen.«

»Es ist der Humor meiner Lage«, schrieb Nietzsche 1885, »daß ich verwechselt werde – mit dem Basler Professor Herrn Dr. Friedrich Nietzsche. Zum Teufel auch! Was geht mich dieser Herr an!«

Anlaß für diese Bemerkung war ein Erlebnis in Sils Maria, wo Nietzsche sommers logierte. Ein Fremder war auf ihn zugetreten und fragte: »Können Sie mir sagen, wo ich Herrn Professor Nietzsche aus Basel finde?« »Professor Nietzsche aus Basel?« fragte Nietzsche zurück. »Tut mir leid, den Herrn kenne ich nicht.« Der Fremde ging weiter, da rief Nietzsche: »Meinen Sie vielleicht Nietzsche, den Philosophen der ewigen Wiederkehr, den Prediger des Zarathustra, den Antichrist?« Der Fremde: »Ja, natürlich.« Nietzsche: »Der bin ich.«

Nietzsche arbeitete in seinem Pensionszimmer in Sils Maria, als ihn Klopfgeräusche aus dem Nebenraum störten. Nietzsche beschwerte sich beim Wirt, aber der zuckte die Schultern: »Das ist der Handwerker. Er philosophiert mit dem Hammer.«

Paul Deussen machte Urlaub in der Schweiz. Als er nach einer Wanderung spätabends ein Quartier suchte, bekam er wohl ein Zimmer, mußte dieses aber mit einem Herrn teilen, der, als Deussen eintrat, schon in der anderen Ecke des Raums im Bett lag. »Guten Abend«, sagte Deussen. »Guten Abend«, tönte es zurück. »Erlaube mich vorzustellen: Dr. Deussen aus Marburg.« »Angenehm! Paul Rée, Doktor der Philosophie.« Deussen überlegte, was alles für Fächer bis herab zur Hühnerologie und Mistologie sich unter dem Namen eines Doktors der Philosophie verbergen konnten, und fragte nach einer vorsichtigen Pause weiter: »Philosophie im weiteren oder engeren Sinne?« »Philosophie im engsten Sinne«, kam es zurück. Wieder eine kleine Pause. Dann Deussen: »Haben Sie sich schon an irgendeinen Philosophen näher angeschlossen?« »Ja.« Pause. Deussen, tapfer: »Diese Antwort ist wohl ein wenig weit ...« Und, entgegenkommender: »Schopenhauer ...?« »Selbstverständlich.« Da sprang Deussen mit einem Satz ans Bett des eben noch Fremden, um die Hand des Freundes fest zu drücken.

Natürlich saß er nun noch länger mit ihm zusammen, natürlich frühstückte er am nächsten Morgen mit ihm, stieg in gemeinsamer Wanderung und unter mancherlei Gesprächen mit ihm ins Tal hinab, schreibt Deussen in seiner Autobiographie, und wir »trennten uns mit dem festen Vorsatz, uns wieder zu begegnen«. Etwas kühler fügt Deussen hinzu: »Wir sind uns wieder begegnet, freilich erst zwölf Jahre später in Berlin.«

Deussen war eben nicht Schopenhauer, das hätte ihm Rée sagen müssen. Aber wahrscheinlich kam er nicht dazu.

In seiner Autobiographie teilt Paul Deussen ein frühes prägendes Kindheitserlebnis mit: »An Naschhaftigkeit war ich meinen Brüdern entschieden überlegen. Ich erinnere mich, wie uns einst Süßigkeiten geschenkt worden waren. Ich verschlang meinen Anteil sofort, während Bruder Werner den seinigen in einem offenen Raum unter dem mit runder Öffnung versehenen Sitze des Kinderstühlchens aufbewahrte. Länger stand ich im Kampfe mit mir selbst, aber plötzlich übermannte es mich, und ich fuhr zu, um vor Werners Augen ein Stück zu erbeuten. Natürlich wurde meine Absicht unter allgemeiner Entrüstung vereitelt.« Da erkannte Paul Deussen: »Das moralische Gesetz predigt sich unter den Menschen ganz von selbst, indem wir uns von Mitmenschen umgeben sehen, an deren Rechten die unsern ihre Grenze finden.«

Deussen aber beschloß, Philosoph zu werden.

Fritz Mauthner war Schüler des wenig angesehenen Piaristengymnasiums in Prag, wo den Deutschunterricht ein Tscheche besorgte. Einmal hatten die Schüler Goethes Ballade *Der Fischer* aufzusagen. Mauthner deklamierte: »Halb z o g sie ihn, halb sank er h i n.« Der Lehrer schlug mit der Faust auf den Tisch: »Hob ich dir g'sagt, das is Geggensatz. Halb zock sie ihn, halb sonk'r hien.« Und Mauthner mußte, wenn er nicht durchfallen wollte, den Geggensatz betonen.

Drei Studenten frotzelten den jüdischen Philosophen Fritz Mauthner: »Guten Tag, Vater Abraham!« »Guten Tag, Vater Isaak!« »Guten Tag, Vater Jakob!«

»Ich bin keiner der drei«, erwiderte Mauthner, »sondern Saul, welcher auszog, seines Vaters Esel zu suchen – und siehe, ich habe sie gefunden!«

Als junger Professor in Jena mußte Gottlob Frege, der später zum Mitbegründer der modernen formalen Logik avancierte, eine Vorlesung über Metaphysik halten. Er haspelte den widrigen Stoff schnell durch und war bereits zwei Wochen vor Semesterende fertig, weshalb er die Studenten in die Ferien schickte. Als Rektor und Dekan ihn tadelten, packte Frege sein Vorlesungsmanuskript zusammen und schickte es an die Spektabilität und die Magnifizenz mit dem Zusatz: »Ich bin gern bereit, die Vorlesung fortzuführen, wenn man mir die vermißten Ausführungen in mein Manuskript hineinschreibt.«

Ein Fremdenführer zeigte einigen Touristen die Universität von Oxford. »Ich würde gern das Studierzimmer von Benjamin Jowett sehen«, bat einer, »dem Platon-Übersetzer.« »Kommen Sie mit!« sagte der Führer und begab sich mit der Gruppe in einen klosterähnlichen Innenhof. »Sehen Sie das offene Fenster im ersten Stock?

Das ist Jowetts Bude. Vielleicht wünschen Sie, den Professor selber zu sehen?« Natürlich wünschten sie. Der Führer bückte sich nach einem großen Stein und schleuderte ihn akkurat durch Jowetts offenes Fenster.

Einen Augenblick später tauchte ein zornrotes Gesicht in der Öffnung auf.

»Bitte sehr«, sagte der Fremdenführer triumphierend, »das bringt den alten Knaben noch allemal heraus!«

Vor seiner Promotion mußte sich Rudolf Eucken jedem Mitglied der Prüfungskommission vorstellen, darunter auch Hermann Lotze. Eucken berichtete ihm von seiner Aristoteles-Lektüre, aber Lotze unterbrach ihn: »Hören Sie, die Beschäftigung mit Aristoteles ist ganz unfruchtbar. Seine Metaphysik und seine Psychologie mögen große Wahrheiten enthalten, aber die Schriften sind viel zu schlecht überliefert, um sie genügend verstehen zu können. Und seine Ethik ist unbedeutend, die Lektüre lohnt nicht.« »Was empfehlen Sie statt dessen zu lesen?« »Einen guten französischen Roman«, erwiderte Lotze mit Bestimmtheit.

»Heute gibt es in Deutschland zwei Philosophen«, hatte Kuno Fischer in einem Kolleg bemerkt: »Der andere sitzt in Straßburg.«

Er meinte Wilhelm Windelband.

Wilhelm Windelband und Paul Hensel sprachen über Windelbands Dissertation. Hensel meinte, sie sei zu sehr vom Einfluß Leibniz' geprägt. »Aber ich habe mich darin gar nicht mit Leibniz auseinandergesetzt«, sagte Windelband. »Nicht ausdrücklich«, räumte Hensel ein, »aber man merkt, daß sich der Autor eingehend mit Leibniz beschäftigt hat.« »Sie irren, denn ich befaßte mich damals mit Eduard von Hartmanns Philosophie und wollte darüber schreiben. Aber lassen Sie uns in das Buch hineinschauen, dann werden Sie selber erkennen, daß Ihre Leibnizhypothese fehlgeht.« Windelband holte den Band, Hensel schlug die erste Seite auf und mußte lachen. Windelband auch, denn so lauteten die ersten Worte: »Kapitel eins, Vorgeschichte: Leibniz' perceptio petite.«

Als typischer Doktorvater erwartete Windelband von seinen Schülern, daß sie in ihren Arbeiten Aspekte berücksichtigten, die ihn selbst gerade beschäftigten. Einmal bot sein Kollege Hensel an, dem Doktoranden einen Tip zu geben, aber Windelband lehnte ab: »Im äußersten Fall kann er die Änderungen einarbeiten, nachdem ich das Manuskript gelesen habe.« Bald darauf trafen sich Windelband und Hensel wieder. Windelband: »Wie gut, daß ich Sie nicht bat, einzugreifen! Er ist von selbst darauf gekommen.«

Hensel war von einer Krankheit genesen und suchte den Arzt auf, um sich die Rechnung schreiben zu lassen. »Das können wir sofort regeln«, sagte der. »Fünf Krankenbesuche habe ich gemacht, ein Besuch kostet 15 Mark, macht zusammen 75 Mark. Was Sie mich kürzlich über Kant gelehrt haben, ist mir 100 Mark wert. Hier sind Ihre 25 Mark!«

Hans Vaihinger, der Philosoph des »Als ob«, reiste mit seiner Frau ins Tessin. Ganz Wissenschaftler, wanderte Vaihinger wissenschaftlich, also nach dem Baedeker. Ziel war ein Aussichtspunkt in den Bergen, der sich in der Natur durch nichts Auffälliges auszeichnete, weshalb Vaihinger noch einmal aus dem Baedeker vorlas: »... läßt man nach halbstündiger Besteigung eine kleine Baumgruppe links liegen und erreicht nach weiteren 15 Minuten einen Punkt, von dem aus man eine wundervolle Aussicht (mit zwei Sternen!) auf Lugano und seinen herrlichen See genießt.«

Nach einer Stunde hatte man die Baumgruppe längst hinter sich gelassen, Frau Vaihinger saß auf einer Bank, von der man eine wundervolle Aussicht genoß, während der Professor weiter nach oben stieg, um den Punkt zu erklettern, der im Baedeker mit zwei Sternen ausgezeichnet war.

Zwei Stunden später, die Hitze war inzwischen unerträglich, erwachte Frau Vaihinger aus einem Nickerchen und sah ihren Mann den Berg herabkommen, lahmend, mit rotem Gesicht, schweißgebadet. Erschöpft ließ er sich auf die Bank fallen.

»Nun, wie war dic Aussicht?« fragte seine Frau. »Hat es sich wenigstens gelohnt?«

Leise und langsam sprach der Professor: »Ich muß dem Baedeker schreiben. Da stimmt etwas nicht. Der richtige Aussichtspunkt, der mit den zwei Sternen, der ist hier auf der Bank.«

Gustave Le Bon schrieb gerade an seinem Werk über die *Psychologie der Massen*, als seine Frau das Arbeitszimmer betrat, angetan mit Hut und Mantel. Sie gehe mal eben auf die Place de la Concorde, sagte sie, weil es dort etwas umsonst geben soll. Der Philosoph lächelte nur, aber es dauerte nicht lange, da störte ihn Lärm auf der Straße. Er öffnete das Fenster und fragte einen der zahlreich Vorbeiströmenden, der sagte: »Wir gehen zur Place de la Concorde, dort gibt es etwas umsonst.« Der Philosoph nickte wissend und zog sich wieder an den Schreibtisch zurück. Doch bald wurde es draußen so laut, daß er nicht mehr arbeiten konnte. Verärgert ging er zum Fenster und sah eine unabsehbare Masse sich zur Place de la Concorde wälzen, wo es, rief man ihm zu, irgend etwas umsonst gäbe. Kopfschüttelnd wollte Le Bon sich wieder an seinen Arbeitstisch setzen, doch irgendwie konnte er nicht mehr richtig denken und keinen einzigen vernünftigen Satz zu Papier bringen. Er wurde seiner Unruhe nicht mehr Herr, zog den Mantel an, ergriff den Hut und stürmte hinaus zur Place de la Concorde: »Ich muß doch mal nachsehen. Vielleicht gibt es wirklich etwas umsonst!«

Ein Philosophiestudent mußte nach dem Examen seinen Militärdienst ableisten. Schon beim ersten Appell stellte er sich mit dem Gewehr ungeschickt an. Der Unteroffizier brüllte: »Was sind Sie überhaupt von Beruf?!« »Ich bin Philosoph.« »Dann wissen Sie sicher, was eine Idee ist.« »Selbstverständlich. Möchten Sie wissen, was Platon darunter versteht?« »Ist mir piepegal. Halten Sie gefälligst Ihr Gewehr eine Idee höher!«

Unlängst auf der Strecke nach Magdeburg entflammte unter meinen Reisegenossen ein Gespräch über Okkultismus.

Nach etlichen Reden und Wechselreden mischte sich der Herr aus der Ecke ein – zuerst stellte er sich artig vor:

»Jestatten – Major von Nieber. Die Herren reden von Okkultismus ... Jewiß, wer hat das nich mal betrieben ... Aber bei uns in den preußischen Kadettenanstalten war strenges Jebot: beim Schlafen sind die Hände über der Decke zu halten.«

Roda Roda

Ein Ordinarius für Theologie frotzelte einen Professor der Philosophie: »Wissen Sie eigentlich, was ein Philosoph ist?« »Nur höchst ungenau.« »Nun, das ist ein Mann, der in einem dunklen Zimmer mit verbundenen Augen eine schwarze Katze zu fangen versucht, die nicht da ist.« Entgegnete der Philosoph: »Wissen Sie auch, was ein Theologe tut?« »Na was denn?« »Er fängt sie.«

Eine Geschichte, die man sich im späten 19. Jahrhundert an den Universitäten erzählte:

Als Gott die Welt erschaffen hatte, stellte er fest, daß etwas fehlte, nämlich eine Krone der Schöpfung. Er beschloß, ein Wesen zu schaffen, das nur gute Eigenschaften besaß, in dem sich alles Schöne und Edle vereinte und an dem der Teufel keinen Anteil hatte. So schuf er – den Universitätsprofessor.

Sobald der Teufel davon erfuhr, warf er Gott vor: »Du weißt, ich sollte an jedem Geschöpf Anteil haben. Du hast den Pakt gebrochen. Jetzt habe ich das Recht, ein Wesen zu schaffen, das nichts Göttliches besitzt, das nur schlecht, gemein und abstoßend ist. Alles Teuflische soll sich in ihm konzentrieren.« Und er schuf – den Kollegen des Universitätsprofessors.

Ernst Troeltsch konnte sein Temperament auch bei der Lektüre nicht zügeln: Enthusiastisch begann er ein Buch zu lesen, beim zweiten Kapitel warf er es schimpfend in die Ecke, und einige Tage darauf konnte man eine begeisterte Kritik darüber lesen.

Hegel beim Billard

Wilhelm Dilthey war ziemlich zerstreut. Der spätere Kaiser Wilhelm II. begegnete ihm auf einem Spaziergang im Tiergarten und sah, wie Dilthey, die Hände auf dem Rücken, den Blick in eine imaginäre Ferne gerichtet, sinnend seinen Weg wandelte. Der damalige Kronprinz sprach ihn an, Dilthey aber hörte gar nicht zu, dann, wie aus dem Schlaf erwachend, schüttelte er ihm freundlich die Hand und begrüßte ihn: »Ach, mein lieber Herr Leutnant, was bringt mir das Vergnügen? Wie heißen Sie doch gleich?«

Nach Wilhelm Diltheys Emeritierung wurde die Philosophie in Berlin vor allem von Alois Riehl und Carl Stumpf gelehrt – zwei wenig renommierte Gelehrte, und die Studenten sangen:

»Die Philosophie gilt hier nicht viel.

Man rottet sie aus mit Stumpf und Riehl.«

Auch der anderwärts getriebenen Philosophie bezeugten die Berliner Studenten freilich wenig Respekt – gegen die Marburger Neukantianer Hermann Cohen und Paul Natorp prägten sie das Scherzwort vom »doppeltcohensauren Natorp«.

Carl Stumpf hielt seine Vorlesungen immer strikt nach Manuskript. Einmal aber mußte er zu Beginn der Vorlesung um Nachsicht bitten: »Leider habe ich meine Brille vergessen. Ich hoffe, daß Sie mich trotzdem verstehen werden!«

Nachdenklich schwieg Alois Riehl bei einer Tischgesellschaft, die sich angeregt unterhielt. »Sie sind wohl noch gar nicht hier, Herr Kollege?« scheuchte ihn der Gastgeber auf. »Aber ja«, fuhr Riehl empor, »cogito, ergo sum – ich denke nach, also bin ich hier!«

Benno Erdmann war im Grunde mehr ein Kant-Philologe. Für philosophische Exegesen von Kants Texten hatte er bloß Spott übrig. Als einmal ein Seminarist eine Stelle kühn auslegte, sagte Erdmann: »Da haben wir also zu den bekannten zwanzig Kant-Interpretationen nun die einundzwanzigste. Kehren wir zurück zum Text.«

Ungern ließ Erdmann einen Kandidaten durchfallen. Einmal aber waren die Wissenslücken des Prüflings doch zu groß. Der wußte es selbst und fragte endlich zaghaft: »Könnten Sie mich nicht etwas fragen, was ich weiß?« Erdmann: »Dann sagen Sie mir doch einmal, wie es Ihrem Fräulein Braut geht.«

Erdmann beglückwünschte einen Kandidaten zur bestandenen Doktorprüfung, sprach von der hohen Würde dieser akademischen Ehre und gab dem frischgebackenen Dr. phil. die Hand. Der bedankte sich artig und sagte: »Sie haben aber auch wunderbar gefragt, Herr Professor.« Erdmanns Augen leuchteten, und seinerseits dankbar drückte er noch einmal die Hand seines Schützlings.

Georg Simmel war sehr beliebt. Semester für Semester waren seine Seminare und Vorlesungen überlaufen, viele Generationen von Studenten hatte er durchgeschleust. Einmal kam ihm auf der Straße ein Mann direkt entgegen und grüßte: »Ich wette, Herr Professor, Sie kennen mich nicht mehr!« »Sie haben die Wette gewonnen«, sagte Simmel, »auf Wiedersehen!«

Ein Besucher war endlich zu dem vielbeschäftigten Georg Simmel vorgedrungen. Der bot ihm eine Zigarette an. Als der Gast auch eine zweite Zigarette nehmen wollte, stutzte Simmel: »Sie scheinen sich auf einen längeren Besuch einzurichten?«

»Die tiefsten Ansichten über Kant«, gestand Georg Simmel einem Kollegen, »hat ohne Zweifel Hermann Cohen in seinen Büchern entwickelt.« »Was schreibt er denn?« »Keine Ahnung«, versetzte Simmel, »ich verstehe sie nicht.«

Hermann Cohen zeigte dem Dirigenten Hans von Bülow Marburg. Vom Schloßberg aus erklärte er ihm die markanten Gebäude und wies auch auf die Landesirrenanstalt hin, die zur Linken lag. »Dort«, sagte Bülow mißtrauisch, »kommen wohl die Größenwahnsinnigen hin?« »Nein«, erwiderte Cohen und wandte sich nach rechts, »die Universität liegt dort.«

Hermann Cohen und der mehr als 30 Jahre jüngere Ernst Cassirer, der bei ihm promoviert hatte, stritten sich oft und waren zudem sehr unterschiedliche Temperamente, blieben sich aber stets freundschaftlich verbunden. Cohen trat immer mit leidenschaftlichem Feuer für seinen Standpunkt ein, während Cassirer unbeirrbar und ruhig den seinen verteidigte. Eines Tages sagte Cohen zu Cassirers Frau: »Sehen Sie, liebe Frau Cassirer, das ist das Schöne an unserer Marburger Schule, daß alle Temperamente in ihr vertreten sind, von der ungestümen Jugend bis zum abgeklärten Alter – wobei ich natürlich die Jugend vertrete und Ihr Mann das Alter.«

Manchmal ging das Temperament mit Hermann Cohen durch. In der Vorrede seines Buchs *Die Religion der Vernunft aus den Quellen des Judentums* polemisierte er scharf gegen Bergsons Philosophie. Cassirer, der das Manuskript gegenlas, ersuchte ihn dringend, die Vorrede umzuschreiben. Cohen versprach, sich das zu überlegen. Schon kurz darauf meldete er sich: »Sie hatten recht, lieber Cassirer. Ich habe den Passus über Bergson stark gemildert.« »Wie lautet er denn jetzt?« »Ich schreibe nur noch, daß Bergsons Philosophie das belangloseste, hohlste und sinnloseste Geschwätz ist, das ich in meinem Leben gelesen habe.«

Gerade als er den Hörsaal betrat, bemerkte Paul Natorp, neben Hermann Cohen das Haupt der Marburger Richtung des Neukantianismus, daß er sein Vorlesungsmanuskript vergessen hatte. Er eilte nach Hause, zog nach alter Gewohnheit in der Diele den Rock aus und die Hausjacke an, stürzte ins Arbeitszimmer, steckte das auf dem Schreibtisch liegengebliebene Manuskript ein und wollte eben das Haus verlassen, als seine Frau ihn aufhielt: »Aber Paul, du hast ja deine Hausjakke an!« Schnell schlüpfte Natorp in den Rock, eilte ins Hörsaalgebäude, trat ans Katheder und mußte feststellen, daß das Manuskript wieder nicht da war – es steckte daheim in der Hausjacke.

Ernst Haeckel, der in Jena lehrte, erregte mit seiner materialistischen Philosophie viel Streit, galt aber auch seinen Gegnern als Kapazität. Mehrere Rufe an andere große Universitäten lehnte Haeckel ab. »Sie müssen in Jena bleiben!« dankte ihm ein Kollege: »Hier schaden Sie noch am wenigsten.«

Früher mußten sich die Studenten den regelmäßigen Besuch einer Vorlesung durch Abtestate bescheinigen lassen. Einmal kam ein junger Mann, um den Schein zu beanspruchen, zum Sprechzimmer der Dozenten, wo gerade Max Dessoir saß, lugte vorsichtig in den Raum und fragte: »Ist vielleicht Herr Professor Dessoir hier?« Dessoir schaute sich um und erwiderte: »Ich sehe ihn nicht.«

In den Hörsälen der Berliner Universität befand sich hinter dem Katheder stets ein Kleiderhaken, über dem ein Schild hing: »Nur für Dozenten.« Eines Tages fand Max Dessoir, als er seinen Mantel aufhängen wollte, darunter einen Zettel: »Auch für Garderobe!«

Schon als kleiner Junge hatte Max Dessoir auf die Frage, was er einmal werden wolle, geantwortet: »Ich will ein berühmter Mann werden!«

Daran mußte er sich erinnern, als er, gerade selber frisch verheiratet, seiner Frau in eine Nürnberger Kirche folgte, wo unter stärkstem Andrang der Einheimischen eine Trauung vollzogen wurde. Er fragte jemanden, wer der junge Ehemann sei, und erhielt die Antwort: »Den kennen Sie nicht? Das ist doch der berühmte Ochsenmaulsalatfabrikant Heidenheimer!«

Max Dessoirs Herz schlug für die Musik. Er war mit einer berühmten Liedsängerin verheiratet und spielte sehr gut Geige. Von seinen philosophischen Schriften dagegen sagte er, es sei kein Thema so vorzüglich, daß er es nicht verpatzen könne.

Max Dessoir begann seine Laufbahn 1888 mit einer *Bibliographie des modernen Hypnotismus* und ließ ein Jahr später die Schrift *Das Doppel-Ich* folgen, worin er nach eigenem Bekunden die »Grundbegriffe des Unterbewußtseins und der Parapsychologie« wissenschaftsfähig machte. In den 1890er Jahren wurde seine Lehre so bekannt, daß man ein »Psychologen-Lied« darauf sang:

Das Ober-Ich, das Unter-Ich,
Das Doppel-Ich und was weiß ich,
Der Andre, der im Selben steckt,
Ward ausgeheckt.

Erich Adickes war ziemlich korpulent. 1904 kam er mit seiner schlanken Frau nach Tübingen, und bald hatten beide ihren Spitznamen weg: »A Dickes und a Dünnes.« Später, als er mit seinen ebenfalls rundlichen Töchtern auftrat, zählte man: »A Dickes, zwa Dickes, dra Dickes.«

Anfang 1914 stand der Neukantianismus in voller Blüte. In seiner Autobiographie berichtet Ludwig Marcuse, man habe damals in den *Kant-Studien* Annoncen wie diese gelesen: »Kantianer sucht Kantianerin zwecks ehelicher Verbindung.«

Marcuse selbst studierte damals Kantische Philosophie im dritten Semester und liebte »eine sehr mädchenhafte Neu-Kantianerin«.

Heinrich Rickert vertrat erst in Freiburg, dann in Heidelberg den Neukantianismus und begann einst eine Examensprüfung mit der Frage: »Nennen Sie mir bitte einen Philosophen.« Die Antwort erfolgte prompt: »Kant.« »Das ist schon recht gut, Herr Kandidat. Aber nennen Sie mir nun auch einen zweiten Philosophen.« Der Prüfling schwieg und ließ sich auch durch ermunternde Anregungen nicht zu einer Antwort animieren. Rickert wartete eine Weile geduldig und sagte schließlich betrübt: »Er sitzt vor Ihnen, Herr Kandidat.« Die Prüfung war nicht bestanden.

Ähnliches erlebte der Philosophiestudent Ludwig Marcuse, als er nach Freiburg kam und sich in Heinrich Rickerts Seminar vorstellte. »Bei wem haben Sie in Berlin gehört?« fragte der Meister. »Bei Carl Stumpf!« sagte Marcuse. Rickert unwirsch: »Das ist doch ein Psychologe.« Marcuse: »Benno Erdmann.« Rickert verächtlich: »Formale Logik.« Etwas versöhnlicher fragte er: »Sagen Sie mir lieber, warum Sie nach Freiburg kommen.« »Um bei dem Kant von heute zu studieren.« »Aha?!« »Bei Heinrich Rickert!« Marcuse war in das Seminar aufgenommen.

Rickert begrüßte einen japanischen Privatdozenten in seinem Seminar. Nachdem der Gast einen Vortrag über Rickerts Philosophie, die einzige noch wissenschaftliche Philosophie in Deutschland, gehalten hatte, strich sich Rickert den Bart und resümierte: »Ich habe Ihnen nicht ungern zugehört, Herr Kollege. Leider sind Sie aber auf meinen kürzlich im *Logos* erschienenen Aufsatz überhaupt nicht eingegangen. Ich habe viele Bücher geschrieben, aber gerade dieser Aufsatz ist meine vielleicht wichtigste Arbeit. Ohne dessen Kenntnis bleibt alles Philosophieren Stückwerk, wenn ich das so sagen darf, und ein vergebliches Unterfangen. Trotzdem vielen Dank, Herr Kollege, daß Sie sich hierherbemüht haben ...«

Ein Doktorand stellte in Rickerts Seminar sein Thema vor, Nietzsche. Nachdem er den ersten Teil seines Referats in einem mehr künstlerischen als wissenschaftlichen Stil gehalten hatte, kommentierte Rickert durchaus freundlich den Vortrag und schweifte in Erinnerungen an seine eigene, frühere Nietzsche-Verehrung ab, auch wenn, wie er heute gestehen müsse, Nietzsche kein richtiger Philosoph gewesen sei: »Sie hätte singen sollen, diese Seele.« Das war für den Studenten das Signal, seinen Vortrag fortzusetzen, und zwar in singender Deklamation.

Rickerts Erwiderung darauf soll dann doch weniger musisch ausgefallen sein.

»Auf welche Weise beurteilen Sie eigentlich Bücher?« fragte man Heinrich Rickert. »Es werden doch so viele Ansichten und Theorien entwickelt, daß es fast unmöglich ist, ein zutreffendes Urteil zu fällen.« »Das ist überhaupt nicht schwer«, widersprach Rickert. »Wenn die Meinung eines Autors von meiner eigenen abweicht, hat er sich eben geirrt.«

»Meine Lehre steht, wenn ich das in aller Bescheidenheit sagen darf, in der Nachfolge Kants und erhebt sich damit hoch über die heutigen Modeströmungen, denen meine Fachkollegen folgen«, verdeutlichte Heinrich Rickert auf einer Fakultätssitzung seinen Führungsanspruch. »Aber muß es nicht auch in der Philosophie andere Meinungen geben?« wandte jemand ein. »Gewiß«, erwiderte der Ordinarius, »über die kann diskutiert werden.«

Heinrich Rickert hatte einen Kandidaten durchs Examen fallen lassen müssen. Zwei Tage später erhielt er von diesem einen Brief folgenden Inhalts: »Hochverehrter Herr Professor, ich bedaure außerordentlich, daß ich im Examen versagt habe. Es ist dies aber auf meine Nervosität, keineswegs auf mangelnden Fleiß zurückzuführen. Zum Zeichen dafür, daß ich Ihr letztes Buch durchgearbeitet habe, erlaube ich mir, Ihnen als Anlage eine Liste von 32 Druckfehlern zu übersenden. Mit vorzüglicher Hochachtung Ihr stets sehr ergebener …«

Im Alter, als Rickert an der Heidelberger Philosophischen Fakultät zunehmend isoliert war, führte er Selbstgespräche. Seine Frau fragte ihn nach dem Grund. »Ich spreche gern mit gescheiten Menschen«, raunzte der alte Weltweise, und auf den zweifelnden Blick seiner Frau: »Und ich höre auch gern zu, wenn gescheite Menschen reden!«

Als Heidelberger Ordinarius wurde Rickert gefragt, wie viele Leute im Philosophischen Institut arbeiten. »Höchstens die Hälfte«, sagte er.

Julius Ebbinghaus wollte nicht als Neukantianer gelten. Jemand fragte ihn: »Dann sind Sie wohl der letzte Kantianer?« Er: »Ich bin der erste!«

Der in Göttingen lehrende Phänomenologe Adolf Reinach hatte bei seinen Vorlesungen wohl ein Manuskript dabei, schien aber kaum hineinzusehen. Er sprach lebhaft, elegant und leicht, alles war durchsichtig, klar und zwingend. Man hatte den Eindruck, daß es ihn gar keine Mühe kostete. Als Edith Stein, die bei ihm hörte, später einmal seine Manuskripte ansehen durfte, bemerkte sie zu ihrem Erstaunen, daß sie von Anfang bis Ende wörtlich ausgearbeitet waren, und unter die letzte Vorlesung jedes Semesters hatte er, mit dem Lineal zweimal unterstrichen, geschrieben: »Fertig, Gott sei Dank!«

In Reinachs Seminaren gab es eine Studentin, die aus unerfindlichen Gründen stets unfreundlich gegen ihre Kommilitonin Edith Stein war. Reinach zitierte sie zu sich, und die Studentin verteidigte sich mit den Worten: »Die Stein redet einfach immer mit! Und die Sachen sind doch so schwer.«

Edith Stein war ein wißbegieriges Mädchen und konnte sich tagelang in irgendwelche Bücher vertiefen, bis ihre Geschwister sie deswegen aufzogen. In der Zeit vor ihrem Abitur neckten sie sie manchmal mit der Bemerkung: »Edith, du bist gerade durch das Zimmer gegangen, ohne ein Buch gelesen zu haben!«

Die Studentin Edith Stein besuchte den Existenzphilosophen Hans Lipps in seinem winzigen Arbeitszimmer. Lipps stieß mit dem Kopf beinah an die Decke, und wenn man in der Mitte des Raums die Arme ausbreitete, berührten die Hände fast die Wand. Edith Stein mußte sich in die Sofaecke setzen, Lipps zog einen weißen Ärztekittel an, stopfte sich eine Pfeife, setzte sich an seinen kleinen Klapp-Schreibtisch und sah die begabte Studentin erwartungsvoll an, die nun Auskunft geben mußte, was sie unter »Einfühlung« verstehe, Lipps' Spezialgebiet. Der Professor schien denn auch nicht befriedigt und hatte Einwände. Als aber Edith Stein vorbrachte, Reinach habe ihr zugestimmt, rief Lipps lebhaft: »Dann durchstreichen Sie alles, was ich gesagt habe. Vor Reinach habe ich den größten Respekt!«

Einmal entschuldigte sich Lipps, der sonst seine Musterstudentin Stein nach Hause begleitete: Er müsse schnell heim und sich hinlegen. Er probiere jetzt aus, möglichst viel zu schlafen und die übrige Zeit hochkonzentriert zu arbeiten. »Wieviel schlafen Sie denn täglich?« fragte Edith Stein. »Auf 14 Stunden habe ich es schon gebracht« erwiderte Lipps, »ich hoffe aber, allmählich bis zu 21 zu gelangen, ja bis zu 25!« »Aber der Tag hat doch nur 24 Stunden!« lachte Edith Stein. »Wieso?« wunderte sich Lipps. »Ich verschlafe sie doch!«

Husserls Seminare liefen so ab, daß er eine Frage stellte und in einem langen Vortrag selbst beantwortete. Einmal sagte er beim Verlassen des Seminarraums zu seinem Assistenten Heidegger: »Heute war es doch wirklich eine anregende Diskussion« – dabei hatte anderthalb Stunden lang nur er selber geredet.

In Husserls Seminaren sprach gewöhnlich nur er selbst. Als aber ein Student eine kleine Denkpause nutzte, um einen Einwand vorzutragen, unterbrach ihn Husserl gleich: »Langsam! Sie müssen wissen, daß es mir schwer ist, mich in fremde Gedankengänge zu versetzen. Wiederholen Sie noch einmal das erste Wort.« Der Student sagte es. Husserl fuhr dazwischen: »Langsam!«

Husserls Doktoranden liebten es nicht, wenn sie dem Meister über den Fortgang ihrer Arbeit berichten sollten – weil sie selbst dabei kaum zu Wort kamen. Deshalb versuchten sie stets, Husserl zu einem Spaziergang zu überreden, möglichst im nah gelegenen Stadtwald. Sobald der Weg bergauf führte, ging Husserl die Puste aus, und dann konnten sie selbst reden.

Ein begabter Student beklagte sich bei Husserl, die Philosophie beschäftige ihn oft so sehr, daß er nachts keinen Schlaf finde. Husserl gab ihm einen Rat: »Wenn ich nicht einschlafen kann, stelle ich mir einen Araber vor, der auf einem Pferd reitet, mit farbenprächtigem Turban und gekrümmtem Säbel. Ich male mir alle Einzelheiten aus, und wenn ich schließlich alles deutlich und anschaulich vor mir sehe, bin ich bereits eingeschlafen.«

Ende Juli 1914 traf der Philosophiestudent Ludwig Marcuse seinen Seminargenossen Helmuth Falkenfeld, der ihn verzweifelt fragte: »Haben Sie schon gehört, was passiert ist?« Voll Weltverachtung und gottergeben sagte Marcuse: »Weiß schon, Sarajewo.« Falkenfeld: »Aber nein, morgen fällt das Rickert-Seminar aus!« Marcuse erschrocken: »Ist er krank?« »Nein, wegen des drohenden Krieges.« Marcuse: »Aber was hat denn das Seminar mit dem Krieg zu tun?!«

Falkenfeld zuckte die Achseln. Er schien der Hauptleidtragende des ganzen Theaters zu sein.

Gleichwohl zog Ludwig Marcuses Studienfreund Helmuth Falkenfeld 1914 als Kriegsfreiwilliger an die Front. Ludwig Marcuse teilt in seiner Autobiographie ein Schreiben des Soldaten mit: »Mir geht es nach wie vor gut, obwohl die Schlacht, an der ich am 30. Oktober teilgenommen habe, mit ihrem Kanonendonner von 24 Batterien, meine Ohren fast taub gemacht hat. Trotzdem jede Minute daran erinnert, daß wir im Kriege und in Feindesland sind, bin ich immer noch der Ansicht, daß die 3. Kantische Antonomie wichtiger als dieser ganze Weltkrieg ist und daß Krieg zur Philosophie sich verhält wie Sinnlichkeit zur Vernunft. Ich glaube einfach nicht daran, daß die Geschehnisse dieser Körperwelt unsere transzendentalen Bestandteile auch nur im mindesten tangieren können, und werde nicht daran glauben, selbst wenn mir ein französischer Granatsplitter in den empirischen Leib fahren sollte. Es lebe die Transzendentalphilosophie.«

Eines Abends hatte Hindenburg im Hauptquartier der Obersten Heeresleitung einen Professor der Philosophie als Reserveoffizier zu Tisch geladen. In der Unterhaltung geriet der Professor in sein Fach hinein, sprach von Begriff und Realität, kam auf die Dialektik, so daß Hindenburg ihm nicht folgen konnte: »Entschuldigen Sie die Unterbrechung! Gesetzt den Fall, ich nehme ein handgroßes Brett, rechteckig oder abgerundet, und ziehe reihenweise fünfhundert Schweinsborsten hindurch, das darf ich doch eine Bürste nennen?« »Ohne Frage, gewiß«, antwortete der Professor. »Wenn ich aber nur dreihundert Borsten durchziehe, darf ich doch noch immer von einer Bürste reden?« Der Professor nickte lächelnd seine Zustimmung. Hindenburg stieg nun immer tiefer mit der Zahl der Borsten herab. Der zunehmend verlegene Professor faßte endlich bei zehn Borsten den Mut zu sagen, da könne man doch wohl nicht mehr von einer Bürste reden. Darauf Hindenburg: »Da habe ich wieder etwas gelernt; zu dem Begriff einer Bürste gehört eine Mindestzahl von elf Borsten.«

Legen Sie Ihren Verstand auf den Tisch

Von Cassirer bis Wittgenstein

Bald nach seiner Heirat besuchte Ernst Cassirer mit seiner Frau ein Lokal am Starnberger See, wo er früher als Student im Sommer häufig war. Die Kellnerin erkannte ihn, und er stellte seine Frau vor. Da schlug die Kellnerin die Hände über dem Kopf zusammen und rief: »Oh mei, um Sie ist mir aber leid – Sie waren immer so ein braver Herr!«

Zu Anfang ihrer Ehe konnte Cassirers Frau noch kaum kochen, doch der Philosoph aß alles, was sie ihm vorsetzte, ohne ein Wort der Kritik. Ihr schmeckte es selber nicht; deshalb fragte sie ihn, warum er sich nie beklage. »Es ist doch interessant«, antwortete er, »wenn man beim Anblick eines Gerichtes nicht ahnen kann, was es vorstellen soll, und auch, wenn man es ißt, auf schwierige Definitionsprobleme stößt.«

Ernst Cassirer saß am Schreibtisch und arbeitete – es war in der Inflation nach dem Ersten Weltkrieg –, als seine Frau aufgeregt ins Zimmer stürzte und rief: »Ernst, heute kostet ein Dutzend Eier schon 10 000 Mark.« Der Philosoph sah von seiner Arbeit auf und fragte erstaunt: »Wozu brauchst du ein Dutzend Eier?«

Cassirer wurde von seiner Frau gebeten: »Fahr doch bitte mit der Linie 9 in die Mönckebergstraße zur Tierhandlung vom Herrn Tausendschön und bring zwei Pfund Vogelfutter mit.«

Nach langer Zeit kehrte der Philosoph von seinem Besorgungsweg zurück, gefolgt von einigen kräftigen Männern, die schwere Säcke trugen. Zu seiner bestürzten Gattin sagte er vorwurfsvoll: »Du hast mich wieder falsch herumgeschickt! Linie 2 fährt gar nicht in die Mönckebergstraße. In Nummer 9 ist keine Tierhandlung, und in der ganzen Innenstadt habe ich nicht mehr als 840 Pfund Vogelfutter zusammenkaufen können.«

1933 war Cassirer in die USA emigriert. Einmal kam er in New York aus dem Bahnhof, als direkt vor ihm ein Taxi hielt. Cassirer stieg ein und fragte den Fahrer, in wessen Auftrag er ihn abhole. »Gar nicht«, erwiderte der, »aber als ich Sie stehen sah, dachte ich, Sie sind doch der Einstein, und Einstein läßt man nicht in der Kälte stehen.« »Ich bin zwar nicht Einstein«, gestand Cassirer, »komme aber gerade von ihm und bin selbst ein Gelehrter.« »Ausgezeichnet!« rief der Taxifahrer und steuerte in einen Stau. »Dann können Sie mir jetzt endlich einmal die Relativitätstheorie gründlich erklären.«

Das populäre *Fortune Magazine* wollte sein Niveau heben und bestellte einen philosophischen Aufsatz bei Ernst Cassirer, dessen Bedenken mit einer Riesensumme zerstreut wurden. Als dann die Post morgens das Belegexemplar brachte, las ihm seine Frau seinen Artikel vor. Noch etwas schlaftrunken und gelangweilt hörte Cassirer zu, doch plötzlich erwachte sein Interesse. Er lauschte gespannt bis zum Schluß und sagte lachend: »Ein guter Artikel, aber kein Wort ist von mir.« »Aber dann«, meinte seine Frau, »darf er doch nicht unter deinem Namen erscheinen.« Cassirer: »Warum nicht – er ist ja sehr gut!«

PS: Tatsächlich stellte Cassirer anhand des Manuskripts fest, daß nicht ein einziger Satz verändert und kein Wort hinzugefügt worden war – man hatte nur seinen Text geschickt zusammengestrichen.

Leonard Nelson mußte als Schüler einen Besinnungsaufsatz über die Frage »Was denke ich beim Anblick der Siegessäule?« schreiben. Das Ergebnis führte fast zum Schulverweis, denn Nelson beschränkte seine Ausführungen auf den Satz: »Beim Anblick der Siegessäule denke ich mir nichts.«

Nicolai Hartmann kündigte den Hörern seiner Vorlesung über Ethik das Thema an: »Heute, meine Damen und Herren, wollen wir über das Wesen der Lüge sprechen. Bevor ich beginne, möchte ich gern wissen, wer von Ihnen mein Buch *Die verschiedenen Kategorien der Lüge* gelesen hat?« Einige Studenten hoben die Hand. »Ich danke Ihnen«, sagte Hartmann. »Allerdings habe ich kein Buch dieses Titels geschrieben. Sie sehen, wie wichtig es ist, daß wir dieses Thema heute behandeln.«

Seit seiner Jugend mußte sich Karl Jaspers wegen einer schweren Krankheit schonen. Als er in Göttingen Medizin studierte, hatte er einen Freund, der ihn nicht mit schweigendem Mitleid traktierte, sondern dessen Offenheit ihm wohltätig war. Er nahm Jaspers Schwäche als einen Faktor, mit dem bei jeder Unternehmung zu rechnen war: »Ich gehe heute abend zum Tanzen nach Mariaspring. Du kannst nicht mit, es ist zu anstrengend für dich ...« Oder vor einem Wochenendausflug mit Kommilitonen: »Das dauert zu lange, das hältst du nicht aus ...« Jaspers beschäftigte sich schon damals mit Philosophie. »Was liest du da?« fragte der Studienfreund einmal. »Hegel.« »Gib mal!« »Laß nur«, sagte Jaspers, »das ist zu schwer für dich ...«

In Heidelberg wollte sich Karl Jaspers endlich von Berufs wegen auf die Philosophie werfen. »Sie haben sich zwischen zwei Stühle gesetzt«, wunderte sich der Ordinarius Heinrich Rickert, »haben die Psychiatrie aufgegeben und sind kein Philosoph?« Darauf Jaspers: »Ich werde einen philosophischen Lehrstuhl erhalten; was ich mit ihm anfange, wird meine Sache sein gemäß der Freiheit des Dozenten angesichts des unbestimmten Gebildes dessen, was an der Universität Philosophie heißt.«

Auf seine alten Tage hatte Rickert erst widerwillig, dann erstaunt das Nietzsche-Buch seines einstigen Schülers Jaspers gelesen, den er mehr für einen Journalisten als einen Philosophen hielt. »Ich danke Ihnen für das Buch«, sagte er nach der Lektüre und gestand: »Ich halte es für ausgezeichnet, Herr Jaspers. Es ist, nehmen Sie es mir nicht übel, ein – wissenschaftliches Buch.«

Vergebens warteten die Studenten auf den Prager Philosophieprofessor Oskar Kraus, dessen Vorlesung um 17 Uhr beginnen sollte. Gegen 18 Uhr schlug ein Hörer vor, nach Hause zu gehen. Die Kommilitonen strebten bereits hinaus, da hörte man kräftige Schritte sich nähern, und Oskar Kraus kam keuchend herangestürmt: »Entschuldigen Sie die Verspätung! Gerade, als ich zu Hause weggehen wollte, brachte der Postbote ein Buch, auf das ich schon lange wartete, ich begann es in der Straßenbahn zu lesen, es war hochinteressant, und auf einmal war ich an der Endstation in Wrschowitz. Und bis ich jetzt hierherkam –«

»Aber Sie hätten doch mit der gleichen Bahn wieder zurückfahren können?«

»Das habe ich auch einen Moment überlegt, aber dann dachte ich mir, nein, dann verpaßt du es wieder.«

Ähnliches widerfuhr Oskar Kraus später noch einmal. Wieder kam er viel zu spät zu seiner Vorlesung und rief: »Entschuldigen Sie bitte, aber ich hatte eine halbe Stunde in der Franzensgasse auf die Straßenbahn gewartet, und dann bin ich zu Fuß gegangen.« »Aber Herr Professor, in der Franzensgasse fährt doch gar keine Straßenbahn?!« »Aha! Darum habe ich so lange gewartet!«

Ein Kandidat fragte bei einem Professor an, welche Forderungen er für das Doktorexamen stelle. »In der Logik, der Ethik, der Ontologie, der Metaphysik und der Ästhetik müssen Sie Bescheid wissen«, beschied ihn der Professor. »Ebenso wichtig ist die Kenntnis der Geschichte der Philosophie. Damit Sie mich nicht mißverstehen: Daß Sie die Kompendien zur Geschichte der Philosophie lesen, reicht nicht. Es versteht sich von selbst, daß Sie die Schriften der großen Philosophen in der Originalsprache studieren und die Hauptwerke der anderen Philosophen durcharbeiten. Auch die Philosophen Asiens gehören heutzutage selbstverständlich zur Pflichtlektüre. Soviel zu den Grundlagen, Herr Kandidat! Danach sehen wir weiter.« Überfordert zog der Student ab und ging zu Karl Löwith. Der legte einen anderen Maßstab an: »Bei mir ist Bedingung, daß der Kandidat klug und sympathisch ist.« Die Promotion ging dann ohne Schwierigkeit vonstatten.

Löwith nahm von seiner hohen Warte aus manche Dinge des täglichen Lebens nicht richtig wahr. So mußte er einmal beim Zeitunglesen lachen: »Was es nicht alles gibt! Jetzt sogar einen Verein gegen ärmellose Kleider«, und wies auf eine Anzeige des Vereins für verschämte Arme. Bei anderer Gelegenheit stellte er verdutzt fest: »Ich wußte gar nicht, daß Käse aus Fliegeneiern besteht«, und war schwer davon abzubringen, weil er gesehen hatte, wie Würmer aus dem Käse herausgekrochen waren.

Ein besonderes Problem entstand, als einer die These aufstellte, ein dreibeiniger Tisch könne nicht wackeln. Alle mathematischen Beweisführungen fanden vor Löwith keine Gnade; erst nach stundenlangen Wortgefechten, als jemand eine Streichholzschachtel mit drei Streichholzbeinen versehen hatte, gab er nach – mit dem Zusatz: »Aber umfallen kann der Tisch doch.«

Im Ersten Weltkrieg war Karl Löwith an der österreichisch-italienischen Alpenfront eingesetzt. Bei einer Patrouille geriet er in einen Hinterhalt. Seine Kameraden fielen, er selbst wurde von einem Schuß in die Brust niedergestreckt und kam in Gefangenschaft. Da niemand zurückkehrte, wurde er ebenso wie die anderen für tot erklärt. In seinen Memoiren schrieb Löwith: »Unter den von meinem Vater aufbewahrten Briefen fand ich einen Bericht des Soldaten F., worin dieser meinen Eltern den ›Heldentod‹ ihres Sohnes beschreibt. Sein höchst phantasievoll ausgeschmückter und sentimentaler Bericht enthält nicht *ein* wahres Wort, aber sämtliche Zeitungsphrasen, und doch bin ich überzeugt, daß er das selber alles geglaubt hat. – Mir schoß im Augenblick der Verwundung und der Erkenntnis der Situation der triviale Gedanke durch den Kopf: ›Wie schade um das schöne Paket!‹, das ich tags zuvor von zu Hause bekommen hatte und welches ausgezeichnete Zigarren enthielt, die nun für immer dahin waren. Dann verlor ich das Bewußtsein.«

Der kleine Moritz fragte seinen Vater: »Was ist Ethik?« »Ich gebe dir ein Beispiel: Ein Kunde kauft in meinem Geschäft eine Ware für 70 Mark und bezahlt mit einem Hunderter. Hinterher merke ich, daß er sein Wechselgeld liegengelassen hat. Da beginnt die Ethik, lieber Moritz: Soll ich das Geld behalten – oder teile ich es mit meinem Kompagnon?«

Der kleine Moritz fragte seinen Großvater: »Wie ist das Leben?« »Das Leben«, murmelte tiefsinnig der Alte, »ist wie ein Schatten an der Wand.« »Warum?« fragte der kleine Moritz. »Nu«, antwortete der Alte, »wirfst du um die Wand – ist er weg, der Schatten!«

Der Großvater wollte im kleinen Moritz religiöses Empfinden wecken. Er ging mit ihm durch die Winterlandschaft: »Schau, wie wunderbar Gott den Teich hat zufrieren lassen!« Moritz: »Kunststück – im Winter!«

Ein Student, Atheist, in der Absicht, mit einer Arbeit über Religionsphilosophie zu promovieren, erkundigte sich bei seinem Doktorvater: »Muß man dazu an Gott glauben? Lieber wäre mir – nicht.«

Wissenschaft

Solang sich Professor Kandeldorfer darauf beschränkte, sein philosophisches System mit Hilfe des alten Wortschatzes vorzutragen, kümmerte sich keine Katze um ihn.

Er fühlte das und änderte eines Tages seine Taktik.

Er nannte nun, was bisher Materie geheißen hatte, »die Quantitative«; Bewegung – »Ferment«; Absicht – »Logos«; Wille – »Exaltation«; Verstand und Vernunft zusammengenommen – »die psychische Vitalität«.

Heute ist Professor Kandeldorfer Mitglied der Akademie der Wissenschaften, Ehrendoktor der Universitäten Oxford, Lissabon und Tiflis und wird demnächst gegen einen gleichwertigen amerikanischen Gelehrten ausgetauscht werden.

Roda Roda

Der philosophisch hochbegabte Neurologe Viktor von Weizsäcker hielt zum 200. Geburtstag Kants einen abgründigen Vortrag. Ein professioneller Philosoph bat hinterher kopfschüttelnd einen Kollegen: »Übersetzen Sie mir doch mal, was der Weizsäcker eben gesagt hat! Wenn der sagen will ›Der Hund hebt das Bein‹, dann macht er's so schwer, daß sich unsereiner wundert, wie so ein einfaches Tier so was Schwieriges fertigbringt.«

Viktor von Weizsäcker und Werner Heisenberg stritten beide für die Einführung des Subjekts in die Naturwissenschaft, konnten sich aber nicht auf eine gemeinsame Position einigen. Heidegger versuchte zu vermitteln und lud sie 1935 zu einer Diskussion in seine Holzhütte bei Todtnauberg ein. Doch nach einer Stunde leidenschaftlicher Debatte hatten die beiden Streithähne sich völlig verzettelt. Heidegger, der mit einem kleinen Zipfelmützchen auf dem Kopf am einen Ende des ganz engen Tisches saß, links und rechts von ihm die beiden Diskutanten, ergriff das Wort: »Herr von Weizsäcker, Sie wollen doch folgendes sagen«, faßte es in drei Sätzen zusammen, und Weizsäcker stimmte zu. Nun sagte Heidegger: »Und Ihnen, Herr Heisenberg, geht es um dies«, brachte das Gemeinte auf den Punkt, und Heisenberg war einverstanden. »Dann scheint mir«, fuhr Heidegger fort, »so könnte es zusammenhängen.« Beide bejahten. Nach dieser Vermittlung erteilte Heidegger den beiden wieder das Wort. Mit neuem Schwung nahmen Weizsäcker und Heisenberg die Diskussion auf, und bald war die Situation wieder völlig verfahren.

Viktor von Weizsäcker besuchte eine Irrenanstalt auf dem Land und mußte ein Ferngespräch nach Breslau führen. Weil die Verbindung lange nicht zustandekam, schimpfte Weizsäcker laut. Das Fräulein vom Amt wies ihn zurecht. Weizsäcker empört: »Wissen Sie überhaupt, mit wem Sie sprechen?!« »Nein«, erwiderte das Fräulein, »aber ich weiß, von wo Sie sprechen.«

Der spätere Göttinger Philosophieprofessor Erich August Wurmbrandt kam schon als Student in die niedersächsische Universitätsstadt. Einmal fand er erst im Morgengrauen heim, wurde von der warmen, stickigen Luft in seiner Bude zuinnerst umgestülpt, konnte eben noch das Fenster aufreißen und beugte sich hinaus.

Von unten brüllte es herauf: »Was fällt Ihnen ein! Meine Mütze über und über zu beschmutzen! Schweinerei!« Mit glasigen Augen erblickte Wurmbrandt unten auf der Gasse einen Dienstmann, außer sich vor Zorn.

Wenige Tage später widerfuhr Wurmbrandt das gleiche Malheur, der Dienstmann tobte. Als es bald darauf erneut geschah, schimpfte er natürlich wieder, der Pechvogel konnte sein Unglück kaum fassen. Als es dann zum vierten Mal passierte, brummte der gute Mann, während er seine Mütze am Gemäuer abwischte: »Das wird langsam langweilig …«

PS: Nach einer anderen Version aber soll es soweit nicht gekommen sein; denn Wurmbrandt sagte beim ersten Mal: »Sie müssen ja auch keine Mütze tragen.« Und so geschah es dann auch ...

Ein Studienfreund wunderte sich, daß Wurmbrandt nie eine Vorlesung am Vormittag besuchte, und fragte ihn, wann er eigentlich aufstehe. »Ich stehe auf, wenn die Sonne in mein Zimmer scheint ...« »So früh?!« »Eigentlich nicht, mein Zimmer liegt nach Westen.«

Bald nach seiner Bestallung zum Professor schrieb Wurmbrandt einen langen philosophischen Brief an einen Kollegen. Zum Schluß kam der kurze Satz: »Übrigens bitte ich um die Hand Ihrer Tochter.« Der Kollege antwortete ebenfalls mit einem mehrere Seiten langen philosophisch vergrübelten Brief, und zum Schluß kam ein kurzer Satz, er sei damit einverstanden, daß Wurmbrandt seine Tochter heirate. Ein paar Jahre später äußerte Wurmbrandt, er habe allerdings lieber die andere Tochter des Kollegen heiraten wollen, aber er sei nun auch mit dieser ganz zufrieden.

Wurmbrandt wohnte in Göttingen am Rand des Hainberges und pflegte den Weg zum Philosophischen Institut mit dem Fahrrad zurückzulegen. Beim Hinunterradeln brauchte er nicht zu treten und konnte so in Ruhe über ein Problem nachdenken. Einmal bemerkte er nicht, daß er wieder treten mußte, als er auf die ebene Strecke kam. So war er sehr erstaunt, als plötzlich das Rad umfiel und er auf der Straße lag.

Oft betrat Wurmbrandt den Hörsaal, wo er zu lesen hatte, noch ganz in Gedanken und wollte, ohne hinzuschauen, seinen Mantel aufhängen. Der Mantel fiel zu Boden. Er hob ihn auf und versuchte es von neuem. Der Mantel fiel wieder hin. Dieses Spiel wiederholte sich einige Male, bis das Gelächter der Studenten ihn aus seiner Abwesenheit riß, er den Mantel anzog und im Glauben, die Vorlesung gehalten zu haben, den Hörsaal verließ.

Wurmbrandts Zerstreutheit war legendär. Einmal, als er einen Bekannten besucht hatte, ärgerte er sich wütend in sich hinein, daß der andere absolut nicht nach Hause gehen wollte. Ein andermal sah er am Leinekanal, der die Göttinger Innenstadt durchzieht, einigen Dienstleuten zu, die mit Stangen eine heruntergefallene Kiste wiederzubekommen versuchten. Behaglich wickelte Wurmbrandt sein Frühstücksbrot aus und knüllte das Papier zusammen. Darauf warf er das Brötchen in den Kanal. Dann wieder begegnete er einem Kollegen und sagte: »Kommen Sie doch heute abend auch vorbei! Ich habe Besuch von Professor Rawley aus London.« »Aber ich bin Rawley«, antwortete der andere. »Das macht nichts«, meinte Wurmbrandt, »kommen Sie trotzdem.«

Noch in hohem Alter hatte Wurmbrandt einen Kraftwagen gekauft. Einmal kam er spätabends von einer kleinen Feier bei einem Kollegen nach Hause gefahren. »Du wirst es nicht glauben«, sagte er zu seiner Frau, die sich bereits zu Bett gelegt hatte, »ich habe unseren Wagen verloren! Ich weiß nicht, wo ich ihn abgestellt habe.«

»Dann mußt du alle Plätze absuchen, an denen er stehen könnte«, riet ihm, noch ein wenig schlaftrunken, die Gattin. Wurmbrandt brauste los, suchte und suchte – weit nach Mitternacht kam er betrübt zuhause an. Seine Frau erwartete ihn vor dem Haus. »Es war alles vergeblich«, sagte er. »Das Auto ist weg. Vom Erdboden verschluckt.«

»Hm ... es handelt sich doch nicht um unseren schönen neuen Maybach?«

»Doch. Spurlos verschwunden.«

»Aber du sitzt doch in dem Wagen drin!«

»Ach ja? Tatsächlich!« Wurmbrandt strahlte. »Da hat sich das Suchen also doch gelohnt!«

Wurmbrandt hatte das Unglück, sich beim herzhaften Gähnen regelmäßig die Kinnbacken zu verrenken, und konnte dann seinen Mund nicht mehr schließen. Seine Hörer nutzten das aus. Wenn sie von der Vorlesung ermüdet waren, gähnten sie so demonstrativ, daß Wurmbrandt unwillkürlich mitgähnen mußte. Dann stand er vor ihnen mit offenem Mund und konnte nicht weiterreden, bis es seinem Assistenten gelungen war, den Mund wieder zuzumachen. Unterdessen hatten die Hörer das Weite gesucht.

Ungern ließ sich Wurmbrandt in seiner wissenschaftlichen Arbeit stören. Studenten, die ihn sprechen wollten, ließ er oft lange warten. Nicht einmal seine Frau durfte mit den belegten Broten, die er zwischendurch gern zu sich nahm, die Ruhe des Studierzimmers stören; sie hatte den Teller still im Nebenzimmer abzustellen. In diesem Raum hatten auch zur Unzeit gekommene Studenten zu warten. Wieder einmal saß dort einer, als nach geraumer Zeit Frau Wurmbrandt erschien, den appetitlichen Teller abstellte und verschwand. »Das ist freundlich von dem Professor, daß er einen kleinen Imbiß schickt«, dachte der Student und aß während des langen Wartens den Teller gänzlich leer. Dann endlich öffnete sich die Tür zum Studierzimmer, und Wurmbrandt trat auf den Studenten zu: »Sie müssen entschuldigen, daß ich Sie über meiner Arbeit ganz vergessen habe; aber Sie können sich von meiner Zerstreutheit keine Vorstellung machen. Sehen Sie« – und vielsagend ruhte sein Blick auf dem leeren Teller – »da habe ich doch den ganzen Teller leergegessen und weiß es gar nicht.«

Mitten in angespanntester Arbeit wurde sich Wurmbrandt plötzlich seiner drückenden Briefschulden bewußt und lenkte seine Schritte in die nächste Post. In tiefem Sinnen stand er vor dem Schalter. Aufgeschreckt durch die Frage des Beamten, verlangte er zehn Postkarten und zahlte. Mit ernster Miene zählte er die Karten nach, schritt geschäftsmäßig zu dem Briefkasten in der Schalterhalle und versenkte die zehn unbeschriebenen Karten mit feierlicher Handbewegung in den Schlitz. Erleichterten Herzens, nachdem er diese schwere Pflicht erfüllt hatte, ging Wurmbrandt munter pfeifend nach Hause.

Wurmbrandt zog sich im Restaurant eben den Mantel an, als ein Herr an ihn herantrat und sich höflich verbeugte: »Verzeihen Sie, sind Sie vielleicht der Herr Direktor Bachmann aus Kassel?« »Nein«, antwortete Wurmbrandt verdutzt. »Das dachte ich mir beinahe, aber Sie ziehen eben seinen Mantel an. Ich bin nämlich selbst der Direktor Bachmann aus Kassel!«

Der Kellner trat an Wurmbrandts Tisch und fragte: »Haben Sie nichts vergessen, Herr Professor?« »Ich habe Ihnen doch schon ein Trinkgeld gegeben!« versetzte der. »Gewiß«, sagte der Kellner, »aber Sie haben vergessen zu essen.«

Wurmbrandt mochte Gesellschaftsabende nicht, mußte aber gelegentlich selbst einen geben. Er saß dann nachdenklich schweigend herum und langweilte sich, und den Gästen ging es ähnlich. Bei einer solchen trägen Veranstaltung flüsterte Wurmbrandt einmal seiner Frau zu: »Wollen wir nicht bald gehen?« Frau Wurmbrandt lächelte nachsichtig: »Aber wir sind hier zu Hause.« »Ach ja!« seufzte Wurmbrandt erleichtert, erhob sich und verließ den Salon Richtung Schlafzimmer.

Bei einem Diner saß Wurmbrandt neben einer Dame, die ihm anvertraute, daß sie von Philosophie herzlich wenig verstünde, dafür um so mehr die Musik liebe. »Dann waren Sie gestern sicherlich in einem Konzert?« erkundigte sich Wurmbrandt desinteressiert, aber froh, wenigstens eine höfliche Frage anbringen zu können.

»Nein, mir war nicht gut. Ich blieb zu Hause und ging zeitig zu Bett.«

»Und wie war es?« fragte Wurmbrandt zerstreut weiter. »Gab es großen Andrang?«

Im Alter ließ Wurmbrandts Sehkraft spürbar nach. Als er eine Studentin zu prüfen hatte, rückte er deshalb nahe an sie heran. Plötzlich begann er ihr Bein zu streicheln. Die Studentin war verwirrt, wagte aber nichts zu sagen. Laut wunderte sich Wurmbrandt: »Das ist doch seltsam! Mir ist mein Bein eingeschlafen, wenn ich sonst darüber streiche, hilft es gewöhnlich, aber diesmal gar nicht.«

Wurmbrandt arbeitete angestrengt an einem neuen Buch, als der Arzt ihn zu seiner Frau rief, die mit dem Tod rang. Er konnte einige Zeilen nicht gleich vollenden. Und ehe er kommen konnte, wurde ihm der Tod seiner Frau gemeldet. Ohne Erregung sagte Wurmbrandt: »Sie war eine gute Frau! Es tut mir leid, daß sie tot ist.« Dann widmete er sich wieder seiner Arbeit.

Kurz vor seiner Emeritierung äußerte Wurmbrandt einem Kollegen gegenüber: »Mit den Gutachten ist es so eine Sache. Ich kann Ihnen Adressen von Leuten angeben, die bescheinigen würden, daß ich unfähig bin, ein Ordinariat zu versehen.« Darauf der Kollege: »Das haben wir jetzt nicht mehr nötig …«

Albert Einstein hielt einen Vortrag über die Relativitätstheorie, als ein Zuhörer aufstand und spöttisch rief: »Mein gesunder Menschenverstand lehnt alle Dinge ab, die man nicht sehen kann!« Gelassen entgegnete Einstein: »Dann kommen Sie bitte nach vorn, und legen Sie Ihren gesunden Menschenverstand hier auf den Tisch.«

Albert Einstein fuhr mit dem Chemiker und Präsidenten der Zionistischen Weltorganisation Chaim Weizmann in die USA. Später fragte man Weizmann, wie er die lange Schiffsreise verbracht hätte. »Einstein erklärte mir die ganze Zeit seine Relativitätstheorie«, sagte Weizmann.

»Und welchen Eindruck gewannen Sie?«

»Ich glaube, er versteht sie.«

Bei einem Vortrag konnte es geschehen, daß Einstein sein Publikum vergaß, an der Tafel zu rechnen begann, bis sie mit den verwickeltsten Formeln ganz bedeckt war, und triumphierte: »Sie sehen, meine Damen und Herren, daß das Resultat mit den Voraussetzungen genügend übereinstimmt!« Die wenigsten Zuhörer wußten, worum es überhaupt gegangen war.

Einer der Begründer von Einsteins Ruhm war der britische Astronom Arthur Eddington. »Sie sind einer der drei Männer in der Welt, welche die Relativitätstheorie verstehen«, sagte ihm Einstein. Über Eddingtons Gesicht flog ein Ausdruck des Unbehagens, worauf Einstein hinzufügte: »Das braucht Sie nicht verlegen zu machen; Sie sind zu bescheiden!« »O nein«, protestierte Eddington, »es ist nicht Verlegenheit, ich frage mich nur, wer wohl der dritte sein mag!«

In geselliger Runde bat jemand Einstein, ihm seine Relativitätstheorie zu erklären. »Nehmen wir an«, sagte Einstein, »ich gehe mit einem blinden Freund spazieren und erzähle ihm, daß ich gern ein Glas Milch trinke. ›Milch? Was ist das?‹ fragt er. ›Das ist eine weiße Flüssigkeit.‹ ›Was ist weiß?‹ ›Die Farbe einer Schwanenfeder.‹ ›Was ist ein Schwan?‹ ›Ein Vogel mit gebogenem Hals.‹ ›Was ist gebogen?‹ Ich zeige es ihm, indem ich seinen Arm zuerst strecke, dann biege. ›Aha‹, sagt der Freund, ›jetzt weiß ich, was mit Milch gemeint ist.‹«

Drei Witze über die Relativitätstheorie

»Ich lese eben, Einstein ist nach Amerika und Japan eingeladen. Warum ist er so berühmt? Was bedeutet seine Relativitätstheorie?«

»Sie besagt, daß dieselben Dinge je nach Zusammenhang verschiedene Bedeutung haben können. Zum Beispiel von München nach Hamburg und von Hamburg nach München – das ist genau derselbe Abstand, da kann Einstein nichts machen. Aber von Ostern bis Pfingsten sind es 50 Tage, und von Pfingsten bis Ostern? Über 300! Verstehst du jetzt, was Einstein meint?«

*

»Kannst du mir die Relativitätstheorie erklären?«

»Aber natürlich. Stell dir vor, du kaufst dir einen neuen Hut ...«

»Ich kann mir den Hut nicht vorstellen.«

»Wieso denn, das ist doch einfach, stell dir vor, du kaufst dir einen neuen Hut.«

»Ich kann es mir nicht vorstellen, weil ich mir erst gestern einen Hut gekauft habe.«

»Also bitte: Stell dir vor ...«

»Ich kann mir das nicht vorstellen.«

»Nun, dann kann ich dir die Relativitätstheorie eben nicht erklären.«

*

»Ich will dir ein Beispiel geben für die Relativitätstheorie. Wenn du mich am Hintern leckst, dann hast *du* eine Nase am Hintern und *ich* eine Nase am Hintern. Aber für mich ist es *relativ* angenehmer.«

Auf einer Abendgesellschaft wurde über Politik diskutiert, und Einstein beteiligte sich leidenschaftlich. »Reg dich bitte nicht so auf!« flüsterte ihm seine Frau zu. »Das ist nicht gut für deine Gesundheit. Bleib bei deiner Relativitätstheorie! Das ist ein windstilles Thema und bekommt dir am besten.«

Einstein war umgezogen und gab einem Freund seine neue Telefonnummer: 24361. Dieser hatte nichts zum Schreiben und klagte, er könne sich Telefonnummern schlecht merken. »Aber diese ist einfach zu behalten«, widersprach Einstein: »Zwei Dutzend und neunzehn hoch zwei.«

Einstein war meist salopp, wenn nicht schäbig gekleidet. »Willst du dir nicht einen neuen Mantel kaufen?« fragte ihn ein Freund. »Wozu?« lächelte Einstein. »Hier kennt mich jeder und weiß, wer ich bin.« Der Freund traf Einstein im selben Mantel einige Zeit später in New York und meinte: »Du trägst ihn ja immer noch!« »Warum nicht?« fragte Einstein. »Hier weiß ja niemand, wer ich bin.«

Zu Hause lief Einstein manchmal den ganzen Tag nackt herum. Einmal klingelte es an der Tür, und er, ganz in Gedanken, machte auf. »Aber Herr Einstein!« rief der Besucher. »Sie haben gar nichts an!« »Ach, ich dachte, um die Zeit kommt niemand.« »Aber warum haben Sie einen Hut auf?!« »Als es klingelte, fiel mir ein, ich wollte ja noch Milch holen.«

Einstein war sehr musikalisch, worauf sich seine Freundschaft mit Arnold Schönberg gründete, obwohl er kein Anhänger der Zwölftonmusik war. Dafür mochte Schönberg Einsteins Geigenspiel nicht. Als sich die beiden kennenlernten, spielte Einstein Schönberg etwas vor. Schönberg schwieg beredt, schließlich fragte Einstein: »Na, wie war es?« »Relativ gut«, antwortete Schönberg.

Jeden Nachmittag kam ein kleines Mädchen aus der Nachbarschaft zu Einstein. Die Mutter des Mädchens wollte sich dafür bei dem Physik-Nobelpreisträger entschuldigen, doch der beschwichtigte sie: »Wir kommen bestens miteinander aus. Ich mag es, wenn sie mir Süßigkeiten bringt, und sie mag es, wenn ich ihre Mathematikhausaufgaben mache.«

1928 erkrankte Einstein und mußte monatelang das Bett hüten. Kaum fühlte er seine Kräfte zurückkehren, wollte er von Schonung nichts mehr wissen. Bald verlangte er auch Tabak, der ihm streng verboten war. Er zog an der kalten Pfeife, um seinen guten Willen zum Verzicht kundzutun, und dann – zündete er sie an. Jede gerauchte Pfeife war für seine Frau Elsa ein Schlag ins Herz. »Wie viele hast du heute schon geraucht?« fragte sie. »Das ist die erste«, sagte er jedes Mal. »Aber ich habe doch gesehen ...« »Na schön, die zweite!« »Es ist mindestens die vierte«, beharrte Elsa. »Aber nein«, widersprach Einstein, »von Mathematik verstehe ich doch wohl mehr als du!«

Einstein, der 1933 nach Princeton emigriert war, besuchte die Sternwarte des Mount-Wilson-Observatoriums. Während er sich mit den Wissenschaftlern unterhielt, erklärte einer der Astronomen Frau Einstein das fünf Meter dicke Teleskop. Sie fragte, wozu man ein so riesiges Instrument brauche. »Das brauchen wir, um die Dimensionen des Weltraums auszumessen.« »Seltsam«, erwiderte Frau Einstein, »mein Mann macht das auf der Rückseite gebrauchter Briefumschläge.«

In New York trafen Chaplin und Einstein zusammen. Einstein rühmte Chaplins Kunst, die jeder Mensch überall auf der Welt begreife. »Ihr Ruhm ist viel erstaunlicher«, erwiderte Chaplin. »Sie bewundert die ganze Welt, obwohl kaum ein Mensch Sie begreift.«

Fernseh-Interview mit Albert Einstein. »Herr Professor«, fragte der Moderator, »können Sie uns wohl sagen, mit welcher Art Waffe der nächste Weltkrieg geführt werden wird?« »Das weiß ich nicht«, antwortete Einstein. »Ich könnte Ihnen höchstens sagen, mit welcher Art Waffe man vermutlich den übernächsten Weltkrieg führen wird.« »Ja«, fragte der Moderator neugierig, »was ist das für eine Waffe?« »Eine Steinschleuder.«

Der dänische Physiker Niels Bohr philosophierte schon bei banalen Anlässen. Als er mit Werner Heisenberg und Viktor von Weizsäcker in einer Skihütte urlaubte, vermied es Bohr nach Möglichkeit, sich am Kochen zu beteiligen. Dafür übernahm er den Abwasch. Als er die Gläser blank geputzt hatte, hielt er sie gegen das Licht und meditierte vor sich hin: »Eigentlich unbegreiflich, daß man schmutzige Gläser mit schmutzigem Wasser und einem schmutzigen Lappen sauber bekommt ...«

Bohr sah sich mit einem Kollegen im Kino einen Wildwestfilm an. »Das ist doch alles zu unwahrscheinlich«, kommentierte er hinterher. »Daß der Bösewicht mit dem hübschesten Mädchen davonläuft, das ist logisch.

Daß die Brücke unter ihrer Last zusammenbricht, ist zwar unwahrscheinlich, kann aber akzeptiert werden. Daß die schöne Heldin mitten über dem Abgrund hängenbleibt, das ist noch unwahrscheinlicher, aber ich akzeptiere auch das. Ich nehme sogar hin, daß gerade in diesem Moment der Held auf seinem Pferd daherkommt. Was aber mehr ist, als ich akzeptieren kann«, schloß Bohr schmunzelnd seine Deduktion, »das ist die Tatsache, daß genau in diesem Moment und an dieser Stelle ein Kerl mit einer Filmkamera steht, der das alles aufnimmt!«

In einem Lokal kaufte der Göttinger Mathematiker David Hilbert Zigaretten von einer mobilen Verkäuferin, die ihn aus ihrem Bauchladen bediente: »Treiben Sie bei einer solch anstrengenden Tätigkeit denn auch Ausgleichsgymnastik?« »Ja, ich wandere viel.« Hilbert ganz logisch: »Dann sicher mit Rucksack.«

Ein Student traf David Hilbert auf einem Waldspaziergang. Der Professor stand regungslos, das Haupt gesenkt, inmitten einer vom Weg abgelegenen Baumgruppe, in tiefes Sinnen verloren. Der Student beobachtete ihn lange, ehe er wagte, ihn anzusprechen, sich entschuldigend, daß er den Professor beim Nachdenken über ein schwieriges Problem störe. »Schwierig wie jede Entscheidung, junger Freund. Aber das Problem wird Ihnen unwesentlich vorkommen. Ich überlege, an welchem dieser vielen Bäume ringsum ich mein kleines Geschäft verrichten soll.«

Hilbert besuchte einen Kollegen, den Professor Göppert. Da Hilberts Frau verreist war, wurde es spät. Als er endlich aufbrechen wollte, goß es wie aus Kübeln. Frau Göppert schlug ihm vor, über Nacht zu bleiben, komplimentierte ihn in das bereits hergerichtete Gästezimmer und wünschte eine gute Nacht. Nach einer Weile wollte sich der Gastgeber noch nach etwaigen Wünschen erkundigen und – fand das Zimmer leer. Während er den Gast im ganzen Haus suchte, klingelte es an der Haustür. Draußen stand, völlig durchnäßt, Hilbert. »Verzeihung«, murmelte er zähneklappernd, »ich habe mir nur schnell meinen Schlafanzug geholt!«

Der polnische Mathematiker Waclaw Sierpinski fürchtete, eines seiner Gepäckstücke verloren zu haben. »Nein, Schatz«, sagte seine Frau, »alle sechs Stücke sind hier.« »Das kann nicht wahr sein«, sagte Sierpinski, »ich habe sie mehrmals gezählt: null, eins, zwei, drei, vier, fünf.«

Philosophisch

Monolog eines älteren Herrn mit grauem Spitzbart und vorbildlicher Glatze:

»Wemmr ä Baar Laadschn hat, und der eene is weck unn mr hat bloß den andern, da nudzn een alle beede nischd.«

PS: Laadschn sind Pantoffeln.

Hans Reimann

Das Mathematikgenie John von Neumann beklagte sich beim Finanzamt über die Schwierigkeiten beim Ausfüllen der Einkommensteuererklärung. »Aber Herr Professor«, sagte ihm der Beamte, »mit Ihren mathematischen Fähigkeiten …«

»Um eine Steuererklärung auszufüllen«, erwiderte Neumann, »genügt es nicht, daß man Mathematiker ist. Dazu muß man Philosoph sein.«

Freud und Einstein unterhielten sich über ihre Schulzeit. Einstein erzählte, daß er Kopfschmerzen mit dem Erfinden geometrischer Aufgaben bekämpft habe. Freud: »Bei mir war es genau umgekehrt: Ich habe die Geometrie mit dem Erfinden von Kopfschmerzen bekämpft.«

Bei Sigmund Freud wurde eines Nachts stürmisch geläutet. Freud rief hinaus: »Wer ist denn da?« »Ich möchte zu Ihnen«, sagte ein Mann. »Ich bin plötzlich wahnsinnig geworden und möchte mich von Ihnen behandeln lassen!« »Was«, rief Freud, »jetzt mitten in der Nacht? Sie sind wohl verrückt!«

Ein Passant suchte das Wiener Café »Produkten-Börse« und konnte es nicht finden. Doch da stand ein Mann mit langem schwarzen Bart und langem schwarzen Mantel und schien in Nachdenken versunken. »Ach bitte«, sagte der Passant, »wo ist hier das Café ›Produkten-Börse‹?« Der Mann hob den Kopf, starrte den Passanten an und sagte langsam im tiefsten Baß: »Mir unbewußt …«

Ein Kollege kam zu Alfred Adler, dem Schöpfer der Individualpsychologie, und berichtete, daß er einen jungen Mann behandle, der inzestuös fixiert sei und mit seiner Mutter schlafen wolle. »Was soll ich tun?« fragte der Psychoanalytiker verzweifelt. »No, sagen S' Ihrem Patienten, wenn er unbedingt möcht', dann soll er's halt tun«, meinte Adler. »Um Himmels willen«, erwiderte der Psychoanalytiker, »was, wenn er es wirklich tut?« »Aber gehn S'«, beruhigte ihn Adler, »verrückt is ja nur er und net die Mutter.«

Zu den Stammgästen des Wiener Café Central zählte neben Leo Trotzki, der dort regelmäßig Schach spielte, der junge Bucharin, den die konspirative Tätigkeit so erschöpft hatte, daß er einem Nervenzusammenbruch nahe war. Er wandte sich an Alfred Adler, der ihm den simplen Rat gab, er möge sich ein Mädchen nehmen. Als Adler einige Zeit später seinen Patienten fragte, ob das Mittel geholfen habe, erhielt er zur Antwort: »Wunderbar! Wir haben die ganze Nacht über Rosa Luxemburgs Kapitaltheorie diskutiert!«

Rußland kurz nach der Novemberrevolution. Zwei Aristokraten unterhalten sich über die neue Regierung. Der eine: »Was ist eigentlich der Unterschied zwischen dialektischem und historischem Materialismus?« Der andere: »Kein Unterschied. Verlaß das Land!«

Eine Leserbriefaktion der *Prawda* hatte herausgebracht, daß das Sowjetvolk seinen geliebten Führer Stalin, der tatsächlich einen Aufsatz über marxistische Sprachphilosophie geschrieben hatte, als führenden Philosophen des Landes betrachtete. »Josef Wissarionowitsch«, meinte seine Frau, »bald wird man dich noch zum besten Dichter, besten Fußballer und besten Biologen des Landes erklären. Ist das nicht absurd? Was für ein Volk, das solche Ansichten hat!« Stalin: »Das richtige Volk, das richtige!«

Als der US-Amerikaner Edgar Snow in den dreißiger Jahren China bereiste, traf er auch Mao Tse-Tung. »Sind Sie ein Anhänger Trotzkis?« fragte Snow. »Nein«, erwiderte Mao. »Sind Sie ein Anhänger Stalins?« »Nein.« »Was sind Sie dann?« »Mao.«

Als Anfang 1923 der dreizehnjährige Golo Mann traurig, weil seine Mutter im Sterben lag, den Weg zum Münchner Bahnhof durch den Englischen Garten ging, um einen Verwandten abzuholen, kam ihm eine philosophische Anwandlung: »Wie, wenn ich den Weltlauf unterbräche, indem ich etwas von ihm keineswegs Vorgesehenes täte und ihm also widerspräche, ihn widerlegte?« Golo verließ den Weg, warf sich auf die Wiese, die noch mit Schnee bedeckt war, stand wieder auf und setzte seinen Fußmarsch fort.

Ein Tübinger Philosophieprofessor pflegte in seinen Vorlesungen zahlreiche Anleihen bei berühmten Philosophen zu machen. Einmal nahm ein würdiger Greis in der ersten Reihe Platz. Kaum war die Vorlesung beim dritten Satz angelangt, als der Alte für die Nachbarn hörbar flüsterte: »Das ist von Hegel!«

Der Professor runzelte die Brauen, fuhr aber fort. Keine Minute später murmelte der fremde Gast:

»Das ist von Kant!«

Der Professor biß sich auf die Lippen, fuhr aber fort. Sehr bald wurde er wieder unterbrochen:

»Das ist von Platon!«

Da war die Geduld des Professors zu Ende. Er beugte sich über das Katheder und rief dem Fremden zu: »Wenn Sie Ihren Mund nicht halten, laß ich Sie vor die Tür setzen!«

Der Greis hob das Haupt, blickte dem Professor ruhig ins Gesicht und sagte: »Das ist von Ihnen!«

Kurz vor Mitternacht saßen die Studenten noch immer im Hörsaal. Der Professor fand kein Ende: »... denn die Seins-Eigenschaften der Materie sind, als Qualität von Evidenz und in der Kategorie des Seinkönnens als Möglichkeit, im platonischen Sinne...« Da stolperte aus dem Hintergrund ein Beschwipster heran und stotterte zum Katheder hinauf: »Ddas is ddoch aaallllles pplatoischer Dings, Dings...« Der Professor wehrte kühl ab: »Darüber sollten wir uns unterhalten, wenn Sie nüchtern sind.« »Nnneeee! Wwenn ich nüchern bbin, intessssiert mmich dder Kram üüüberhaup nich.«

Moritz Schlick, Otto Neurath, Rudolf Carnap, Hans Hahn und Herbert Feigl hatten auf ihrem Donnerstagkolloquium im Wiener Café Westend wieder einmal ganz neopositivistisch in den Freitag hineindiskutiert, als Neurath plötzlich die durchaus unmetaphysische Frage aufwarf, ob sich ihr fröhlicher Stammtisch nicht auch einen Namen geben solle. »Wiener Würstchen!« krähte Moritz »der Piefke« Schlick schwer angeheitert und wurde sofort disqualifiziert. »Wiener Wald!« wollte ihm sein Lieblingsschüler Feigl beispringen und fing sich damit natürlich einen logischen Verweis ein, sie hier am Tisch trieben glöckchenklare Philosophie, was denn da der finstere Wald der Philosophie des 19. Jahrhunderts zu suchen habe, und ob er etwa Holzfäller werden wolle, gingen die Reden durcheinander, man spürte das Fehlen einer wissenschaftlichen Einheitssprache, also bittschön. »Wiener Walzer?« fragte Hahn und wurde von Neurath gerüffelt, so heiße schon die Wiener Schule in der Musikschule oder so ähnlich, sie wüßten schon, was er meine. Bei dem Wort Walzer begann sich offenbar etwas im Kopf des fanatischen Fußballfans Carnap noch schneller als sonst zu drehen, und er murmelte aus seinem üblichen Schnaps- und Rauchwarenabusus heraus mit schwerer Zunge: »Schalker Kreisel …« Da hätte es natürlich für den Reichsdeutschen, nämlich irgendwie gebürtigen Wuppertaler fast einen Platzverweis gehagelt, wenn nicht mit klarem Kalkül Otto Neurath (1,90 Meter der Länge nach und auch im Sitzen eine feste Größe) die Lage sehr wohl überblickt hätte: »Wenn schon, dann Wiener Kreisel, Rudi!« »Wiener Kreisel?« stutzte Feigl. »Wiener Kreis!« hatte Neurath da den Einfall seines Lebens. »Noch fünf Halbe, Resi!«

Bei einer Diskussion über Wittgensteins *Tractatus logico-philosophicus* insistierte Neurath darauf, das sei pure Metaphysik. Man verbat sich endlich seine dauernden Unterbrechungen. Darauf Neurath: »Einverstanden. Ich rufe ab jetzt einfach ›M‹ dazwischen, wenn es metaphysisch wird.« Schon kurz darauf mußte sich Neurath korrigieren: »Es spart uns allen Zeit, wenn ich mich darauf beschränke, ›Non-M‹ zu rufen, wenn einmal nichts Metaphysisches gesagt wird.«

Am Abend des 22. Dezember 1945 kamen Otto Neurath und seine Frau Marie in heiterer Stimmung von einer Einladung bei Freunden zurück. Marie las ihm noch einen Brief vor, den er nachmittags geschrieben hatte, humorvoll in Versen gedichtet, voller Zitate aus Goethes *Iphigenie* und mit dem Elefanten unterzeichnet, des hünenhaften Neurath Erkennungszeichen. Da hörte Marie ihn lachen, aber irgendwie befremdlich, und blickte auf: Neuraths Kopf lag auf dem Tisch. Der Philosoph war tot.

»Worüber hat er gelacht, als er starb?« fragt sein Biograph Manfred Geier. »Waren es nur die Scherze seines Briefes? Oder lachte er über den Tod, den er, der das Leben als eine treibende, unersättlich sich selbst begehrende Macht geliebt hat, nicht fürchten konnte? Vielleicht wurde ihm in diesem letzten Augenblick ja auch der tiefe Witz von Wittgensteins Bemerkung bewußt, gegen dessen Schriften und Gedanken er so oft sein metaphysikkritisches ›Unsinn!‹ eingeworfen hat: ›Nur wer nicht in der Zeit, sondern in der Gegenwart lebt, ist glücklich. Für das Leben in der Gegenwart gibt es keinen Tod.‹«

Wahrscheinlich dachte er nichts.

Max Scheler machte einen Segeltörn mit einem Freund. Sie gerieten in einen schweren Sturm, das Boot drohte zu kentern. Während der Freund mit den Elementen kämpfte, bewahrte der Philosoph stoische Haltung: Er begann sogleich, Nachrufe auf sich zu formulieren.

Heidegger, von Scheler zu einem Besuch eingeladen, war irrtümlich nicht an die Universität, sondern gleich zu dessen Wohnung gefahren. Dort wartete Schelers Frau auf den Elektriker und empfing Heidegger mit den Worten: »Gut, daß Sie endlich da sind! Sie können sofort anfangen«, und führte ihn an den Sicherungskasten. Als Heidegger seinen Namen nannte und darauf hinwies, er sei hier, um einen Vortrag zu halten, begriff Frau Scheler das Mißverständnis, brachte den Philosophen an die Universität und lauschte seinem Vortrag, in dem merkwürdig oft von »Lichtung« die Rede war. Als sie später der Nachbarin den Vorfall erzählte, meinte diese: »Also versteht er doch etwas von Elektrik!«

Heidegger war leidenschaftlicher Skifahrer. »Das tut er aber nicht aus Geworfenheit, sondern aus Getragenheit«, kommentierte sein Kollege Scheler.

Im Anschluß an ein Platon-Seminar, das er im Feldberger Hof abhielt, gab Heidegger seinen Studenten Skiunterricht, doch bei einem einfachen Stemmbogen fiel er in den Schnee und drohte alle Würde des Lehrers zu verlieren. Die Schüler waren erstarrt, Heidegger selber wirkte existentiell verstört. Doch dann brachte er durch einen blendenden Kristianiaschwung sich und sein Sein in der Welt wieder in Ordnung.

Heidegger verbrachte die Ferien gern in seiner einfachen Holzhütte im Wiesental oberhalb von Todtnauberg. Die Einheimischen schätzten ihn sehr, und so brachte eines Tages das Lokalblatt die beruhigende Nachricht: »Der im Wiesental allseits bekannte Professor Heidegger hat einen Ruf an die Berliner Universität erhalten und abgelehnt.« Ein Freund, der diese Meldung zufällig gelesen hatte, schrieb ihm: »Schon andere als Sie haben einen Ruf nach Berlin abgelehnt. Aber nur Sie haben es geschafft, im Wiesental allseits bekannt zu sein und einen Ruf nach Berlin zu erhalten.«

Als Heidegger wieder im Wiesental Urlaub machte, kam ein Bauer zu ihm und sagte: »Ich denke immer viel nach über die Welt und uns Menschen. Herr Professor, wie kann ich das nur alles verstehen?« »Nun«, hob Heidegger an, »das Worin des sichverweisenden Verstehens als Woraufhin des Begegnenlassens von Seiendem in der Seinsart der Bewandtnis ist das Phänomen der Welt.« »Da haben Sie auch wieder recht«, sagte der Bauer, »ich danke Ihnen schön, Herr Professor, adieu, leben Sie wohl.«

Wenn die Rede auf den neuen Stern am Philosophenhimmel, Martin Heidegger, kam, wurde der alte Heinrich Rickert zornig. Der in der Klarheit Kants Lebende zitierte dann einen Satz Heideggers – zum Beispiel: »Der Seinscharakter des Zuhandenen ist die Bewandtnis. In Bewandtnis liegt: bewenden lassen mit etwas bei etwas« – und fragte: »Kann man das ins Lateinische übersetzen?« Und wenn erwartungsgemäß niemand diese Frage bejahte, schloß er mit den Worten »Lassen wir es mit dem bei dem bewenden« seine Heidegger-Bemühungen.

Ein Student wollte sich bei Nicolai Hartmann für ein Seminar anmelden. »Bei wem haben Sie bisher Philosophie studiert?« fragte Hartmann. »Bei Professor Heidegger.« »Ich habe Sie gefragt«, insistierte Hartmann, »bei wem Sie Philosophie studiert haben!«

Die Großmutter von Bertrand Russell durchkreuzte die Was-ist-Fragen ihres Enkels: Er: »What is mind?« Sie: »No matter.« Er: »What is matter?« Sie: »Never mind.«

Hegel beim Billard

Als Kriegsdienstverweigerer wurde Bertrand Russell 1916 inhaftiert. Der Gefängnisbeamte, der die Angaben zur Person aufzunehmen hatte, fragte ihn nach seiner Religion. Russell: »Ich bin Agnostiker.« »Es gibt doch wirklich viele Religionen«, staunte der Beamte und seufzte: »Na ja, letzten Endes glauben wir wohl alle an denselben Gott.«

In den dreißiger Jahren besuchte Russell China. Der Humor der Chinesen gefiel ihm, sie erinnerten ihn an die Leute in ihren alten Büchern. An einem heißen Tag luden ihn zwei dicke Geschäftsleute mittleren Alters zu einer Landpartie ein, um eine sehr berühmte, halb verfallene Pagode anzusehen. Russell kletterte die spiralenförmige Treppe hinauf und glaubte, sie würden ihm folgen. Doch oben angelangt, sah er sie immer noch unten stehen. Hinterher fragte Russell sie, warum sie nicht mitgekommen seien, und sie erwiderten mit ungeheurem Ernst:

»Wir dachten daran hinaufzukommen, und diskutierten, ob wir es tun sollten. Viele gewichtige Argumente wurden auf beiden Seiten vorgebracht, schließlich aber kam eines, das uns bestimmte. Die Pagode kann jeden Augenblick einstürzen, und wir dachten, daß es gut sei, wenn es jemanden gibt, der Zeugnis davon ablegen kann, wie der Philosoph starb.«

Sie wollten sagen, daß es heiß und sie sehr dick seien.

Isaiah Berlin klagte einem Kollegen: »Wie schade, daß wir so wenig über die griechischen Sophisten wissen. Das meiste stammt von ihren Gegnern – von Platon und Aristoteles. Das ist so, als würden wir die Ansichten von Bertrand Russell nur aus sowjetischen Lehrbüchern kennen.« »Oh nein«, korrigierte ihn der Kollege, »wenn wir die Ansichten von Bertrand Russell nur aus sowjetischen Lehrbüchern kennten, würden wir ihn womöglich für einen ernsthaften Philosophen halten!«

Die Konzentrationsfähigkeit des Mathematikers und Philosophen Alfred North Whitehead war außerordentlich. Russell besuchte ihn mit einem Freund an einem Sommertag und wollte ihm im Garten guten Tag sagen. Whitehead saß an einem Klapptisch und schrieb. Russell und der zweite Besucher blieben im Abstand von höchstens einem Meter stehen und sahen zu, wie er Seite um Seite mit Formeln bedeckte. Die Besucher gewahrte er nicht, und nach einiger Zeit gingen diese, von ehrfürchtiger Scheu erfüllt, weg.

In Cambridge lebten zwei alte Damen, die auf den ersten Blick reaktionär wirkten, tatsächlich aber bei jeder Reformbewegung mitmachten. Auch Whitehead schätzte sie falsch ein und wollte sie provozieren, indem er eine radikale Ansicht äußerte. »Wie erfreulich, daß Sie so gesunde Auffassungen haben«, äußerten die alten Damen. »Wir hatten Sie bisher, wenn Sie erlauben, als reaktionär eingeschätzt.«

George Edward Moore, dem man wichtige Beiträge zur mathematischen Logik verdankt, war ein sehr wahrhaftiger Mensch. Doch einmal gelang es Russell, ihn zu einer Lüge zu verleiten: Er fragte ihn, ob er immer die Wahrheit sage, was Moore – verneinte.

Moore war ein großer Pfeifenraucher, aber als Philosoph vielleicht doch größer. Er entzündete ein Streichholz, begann zu sprechen und hörte erst auf, wenn ihm das Streichholz die Finger verbrannte. Er strich ein zweites Streichholz an und verfuhr genauso, dann ein drittes, ein viertes Streichholz usw., bis die Schachtel leer war.

Moore sollte einen Vortrag halten und war mit seinem Text, obwohl er bis zuletzt daran feilte, unzufrieden. Seine Frau munterte ihn auf: »Dein Vortrag wird den Leuten schon gefallen.« Moore knapp: »Falls es so kommt, haben sie jedenfalls unrecht.«

Als Wittgenstein 1929 in Cambridge seinen *Tractatus logico-philosophicus* als Doktorarbeit einreichte, faßte Moore sein Gutachten denkbar kurz: »Ich halte Mister Wittgensteins Dissertation für genial; sei dem, wie ihm wolle: für den Titel eines Doktors der Philosophie reicht es.«

In Wittgensteins Elternhaus wurde eifrig Musik betrieben. Clara Schumann, Mahler und Brahms gehörten zu den Freunden der Familie, Wittgenstein selber spielte Klarinette und wollte Dirigent werden. Später beschränkte sich seine Musikalität darauf, den Freunden komplette Konzerte und Sinfonien vorzupfeifen – vermutlich nicht immer zu deren ungetrübtem Vergnügen.

»Wovon er nicht schweigen kann, das muß er pfeifen«, kommentierte jemand bei einer solchen Gelegenheit, aber diesmal vermutlich nicht zu Wittgensteins reiner Freude.

In seinen Vorlesungen saß Wittgenstein auf einem schlichten Holzstuhl in der Mitte des Raums und führte einen sichtbaren Kampf mit seinen Gedanken, unterbrochen nur von Seufzern wie: »Ich bin närrisch«, »Ich bin heute einfach zu dumm« und »Ihr habt einen furchtbaren Lehrer«. Häufig gab es lange Pausen der Stille. Aber Wittgensteins Blick war konzentriert, sein Gesicht war lebendig, seine Hände machten faszinierende Bewegungen, und sein Ausdruck war finster. Alle Anwesenden spürten, daß man äußerstem Ernst, angestrengtester Konzentration und stärkstem geistigen Zwang gegenüberstand. War die Vorlesung dann zu Ende, stürzte Wittgenstein ins nächstbeste Kino.

Wittgenstein lebte sehr einfach. In seinem Zimmer standen weder Sessel noch Leselampe, und die Wände waren kahl. Auch beim Essen war er anspruchslos, seine Mahlzeiten bestanden nur aus Brot und Käse. »Es ist mir egal, was ich esse«, erklärte er einem Bekannten, »wenn es nur immer das gleiche ist.«

Ein Huhn aus Vibo Valentia wollte die Philosophie Wittgensteins studieren, bekam davon jedoch heftige Kopfschmerzen. So versuchte es Whitehead, aber auch davon bekam es Kopfschmerzen. Es versuchte noch Weisse und Wolff und Wahl und Wundt, aber es wurde immer schlimmer. Eines Tages schlug es zufällig ein Buch von Wodehouse auf und las viele Seiten ohne den geringsten Schmerz. Von da an entschied es sich für Wodehouse als Lieblingsphilosophen.

Luigi Malerba

Popper, Adorno usw.

Helmuth Plessner schrieb seine Doktorarbeit bei Husserl und besuchte ihn einmal die Woche, um über seine Fortschritte zu referieren. Stets fiel ihm Husserl ins Wort, begann zu monologisieren oder las gar aus eigenen Papieren vor. Am Ende verabschiedete er Plessner: »Weiter so, junger Freund!«

Plessner und Adorno machten Urlaub in Sils Maria. Plessner ging es langsam an und spazierte nur ein wenig, aber Adorno wanderte gleich am ersten Tag ins Gebirge und ignorierte Plessners Warnung, man müsse sich zuvor an die dünne Bergluft gewöhnen. Am nächsten Tag wollte Plessner wieder einen Spaziergang machen und fand Adorno in seinem Hotelzimmer. Er lag noch im Bett und sagte etwas verlegen: »Jetzt habe ich mich an die dünne Bergluft gewöhnt.«

Plessner fuhr 1952 in den Weihnachtsferien nicht wie gewohnt nach Holland. Er wolle seine Arbeit nicht unterbrechen, sagte er. Er schreibe gerade einen Aufsatz für die Festschrift zu Karl Jaspers' 70. Geburtstag: »Über Menschenverachtung«. Warum ein so tristes Thema, fragte man ihn. Pause. Dann Plessner: »Ich finde es nicht trist.«

Hans-Georg Gadamer hatte noch bei Paul Natorp seinen Doktor gemacht. »Er war ein wunderbarer Schweiger«, rühmte ihn Gadamer in seiner Autobiographie und schrieb: »In seiner Gegenwart fiel einem, wenn man nichts zu sagen hatte, nichts ein, und so schwiegen wir meist beide.«

Unter dem Eindruck einer Vorlesung von Natorp sagte der Student Gadamer irgend etwas über die Kategorie der Individuität zu Natorps Kollegen Friedrich Wolters. Der hob warnend den Finger: »Individualität – davor müssen Sie sich hüten!« »Nein, Individuität!« antwortete Gadamer. Darauf Wolters: »Ach so, Individuität, das ist etwas anderes.«

Gadamer war auf dem Katheder befangen und verstrickte sich oft in unklare Gedanken. Seine Freunde erfanden dafür eine wissenschaftliche Maßeinheit: Sie hieß »ein Gad« und bezeichnete das Maß unnötiger Kompliziertheit.

Auf einem Spaziergang mit einem ebenfalls recht betagten Kollegen fiel Gadamer, der damals schon über 90 Lenze zählte, eine junge Frau auf, die ihnen frisch wie ein Maimorgen entgegenkam. Gadamer war ganz außer sich. Kaum war die Schöne vorüber, drehte er sich nach ihr um, stieß seinen Begleiter an und meinte: »Ja, wenn man noch siebzig wäre!«

Als Student trat Popper, der eigentlich einen konservativen Geschmack hatte, einem »Verein für musikalische Privataufführungen« bei, dessen Präsident Arnold Schönberg war und der sich zum Ziel gesetzt hatte, die Musik der Wiener Schule und anderer fortschrittlicher zeitgenössischer Komponisten bekannt zu machen. »Nach ungefähr zwei Jahren«, erinnerte sich Popper später, »wußte ich, daß ich etwas gelernt hatte – über eine Musik, die ich jetzt noch weniger mochte als vorher.«

1922 begann Popper, neben dem Universitätsstudium das Tischlerhandwerk zu erlernen. Sein Meister hieß Adalbert Pösch und war kein gewöhnlicher Tischler, sondern ein vielseitig interessierter Mann. Seit Jahren arbeitete er an einem Perpetuum mobile: »Da sag'n s', daß ma' so was net mach'n kann; aber wann amal eina ein's g'macht hat, dann wer'n s' scho anders red'n!« Besonders gern stellte er seinem Lehrling eine historische Frage und beantwortete sie, wenn Popper die Antwort erwartungsgemäß nicht wußte, selbst: »Und wissen S', wer die Schaftstiefel erfunden hat? Nein? Das war der Wallenstein, der Herzog von Friedland, im Dreißigjährigen Krieg!« Wenn der Tischler dann zwei oder drei noch schwierigere Fragen gestellt und triumphierend selbst beantwortet hatte, sagte er mit bescheidenem Stolz: »Da können S' mi' frag'n, was Sie woll'n: Ich weiß alles.«

1946 hatte ein Wissenschaftsklub in Cambridge Karl Popper zu einem Vortrag über ein »philosophisches Puzzle« eingeladen. Popper ahnte, daß Wittgenstein dahintersteckte, der die Existenz philosophischer Probleme jenseits der Sprache leugnete und als Scheinprobleme, Vexierfragen, eben »Puzzles« abtat. Popper ging in seinem Vortrag, immer wieder unterbrochen von Wittgenstein, daran zu beweisen, daß es echte philosophische Probleme gibt, die mit der Welt zu tun haben, mit dem Wissen von ihr und mit der Stellung des Menschen in ihr. Doch seine Beispiele überzeugten Wittgenstein nicht. Das eine tat er als bloß psychologische Frage ab, das andere disqualifizierte er als eine Sache der Mathematik. Schließlich erwähnte Popper moralische Probleme und stellte die Frage nach der Gültigkeit moralischer Regeln. Wittgenstein, der am Kamin saß, nervös mit dem Schürhaken spielte und ihn wie einen Dirigentenstab benutzte, um seine Zwischenrufe zu unterstreichen, rief dazwischen: »Geben Sie ein Beispiel für eine moralische Regel!« Popper: »Man soll einen Gastredner nicht mit dem Schürhaken bedrohen.« Wütend warf Wittgenstein den Schürhaken hin, stürmte aus dem Raum und schlug die Tür hinter sich zu.

»Alle Uhren sind Wolken!« sagte Popper. Das kam so: Popper lehnte den Determinismus ab, der die Welt für ein großes Uhrwerk hält, in dem jedes Ereignis mehr oder weniger genau vorhersagbar ist. Popper stellte dagegen das Bild der Wolken, die in hohem Maß ungeordnet und mehr oder weniger unvorhersehbar sind. »Auch die genauesten Uhren sind in ihrem Lauf nicht völlig vorausbestimmbar«, so Popper. »Wenn wir sie näher und näher untersuchen, so entdecken wir, daß sie eigentlich Elektronenwolken sind oder Wolken von Elementarteilchen, die nicht voll vorausbestimmt sind und in denen alle möglichen Dinge geschehen, die nicht vorauszusehen sind; daß also nur die makroskopische Größe der Uhr uns dazu verhilft, eine Uhr als einigermaßen vorausbestimmt anzusehen.« Poppers Schlußfolgerung: »Alle Uhren sind Wolken!«

Popper zufolge können noch so viele Beobachtungen niemals die Wahrheit einer allgemeinen Gesetzesaussage sichern. »All die weißen Schwäne, die man gesehen hat, liefern keine Sicherheit für die Annahme, daß alle Schwäne weiß sind«, sagte Popper. »Und wie steht es mit dem Satz, daß alle Menschen sterblich sind?« fragte ihn ein Student. Popper: »Auch das ist ein bloßer Erfahrungssatz, und von 1000 Wiederholungsfällen läßt sich nicht auf den 1001. schließen. Und Sie und ich sind ja bisher nicht gestorben.«

Aber mit 92 gelang es Popper dann doch, seine Theorie zu falsifizieren.

Die Philosophie-Vorlesungen des Warschauer Professors Tadeusz Kotarbinski waren für ihre Langeweile berüchtigt. Wenn zu Beginn des Semesters zehn Studenten erschienen, machte er ein erstauntes Gesicht: »Es hat nicht viel Sinn, daß Sie diese Vorlesung hören. Bleiben Sie besser zu Hause, arbeiten Sie ein gutes Lehrbuch durch und präparieren Sie sich für die Prüfung.« In der dritten Vorlesungswoche waren es gewöhnlich nur noch fünf Studenten, in der vierten drei, und dann fiel die Vorlesung aus.

Der Gast hatte in einem Leipziger Wirtshaus einen Kaffee bestellt und auf die Frage des Kellners, ob er die Milch in den Kaffee schütten soll, mit ›Nein‹ geantwortet. Der Kellner aber goß die Milch in den Kaffee und beschied den protestierenden Gast: »Sie ham doch gesachd ›Nein‹. Wenn ich die Milch nich neinschiddn soll, häddn Sie ›Nee‹ saachn missn.«

Beim nächsten Mal verlangte der Gast wieder einen Kaffee. Der Kellner fragte, ob er die Milch in den Kaffee schütten soll. Der Gast: »Nee!« Daraufhin der Kellner: »Was meenen Se nu eegendlich? Wolln Se mit ›Nee‹ nein saachn, un sollch die Milch neinschiddn oder ...«

Der Gast verduftete auf Nimmerwiedersehen.

Ein Autofahrer hatte sich verfranst und stoppte vor einem Fußgänger: »Können Sie mir sagen, wo ich bin?« »Im Auto«, erwiderte der Fußgänger. »Sie sind wohl Logiker?« fragte der Autofahrer. »Das ist wahr«, bekam er zur Antwort, »woran merken Sie das?« »Ihre Antwort«, versetzte der Fahrer, »ist ebenso exakt wie unbrauchbar.«

Gershom Scholem wollte Martin Buber klarmachen, daß der sich über die Chassidim geirrt habe. Buber ließ ihn zwei Stunden reden, dann meinte er: »Nun ja, es ist schon möglich, daß Sie recht haben und ich unrecht. Aber«, brachte er die Dinge auf den Punkt, »wenn Sie recht haben, interessiert mich die ganze Sache überhaupt nicht.«

»Sie glauben an die Thora, aber nicht an Gott«, tadelte Gershom Scholem einen Bekannten. »Und Sie glauben weder an die Thora noch an Gott«, versetzte der, »aber aus irgendeinem Grund glauben Sie an Israel!« »Gewiß«, schmunzelte Scholem, »Gott und die Thora könnten schließlich recht haben.«

Der Dominikanerpriester und Logikprofessor Josef Bochenski verbrachte seine Ferien bei einem Pfarrer auf dem Land. Am Sonntag predigte er selbst und unternahm es, dem gläubigem Landvolk die Gegenwart Christi im Tabernakel zu beweisen.

Nach der Messe hörte der Pfarrer, wie ein Bauer zum andern sagte: »Bis jetzt habe ich geglaubt, daß der Heiland im Tabernakel ist. Aber wenn der sich so plagen muß, um das zu beweisen – dann glaube ich nicht mehr daran.«

Betroffen von dem geistlichen Schaden, den seine Gemeinde durch die gelehrte Predigt erlitten hatte, brachte der Dorfpfarrer am nächsten Sonntag die Sache wieder ins Lot: »Liebe Gemeinde«, sagte er in seiner Predigt, »es gibt nur zwei Möglichkeiten. Entweder der Heiland ist drin – oder er ist nicht drin. Folglich ist er drin.«

Der evangelische Theologe Wolfgang Trillhaas besuchte seinen Kollegen Rudolf Bultmann in Marburg. Trillhaas wollte abends ausgehen, Bultmann aber war ruhebedürftig, gab dem Kollegen deshalb die Schlüssel und zeigte ihm den Lichtknopf im Treppenhaus. Einige Stunden später kehrte Trillhaas heiter heim, schloß die Tür auf und drückte den Lichtknopf. Es war aber der

Klingelknopf. So öffnete sich oben die Wohnungstür, Bultmann erschien und sprach mit milder Ironie: »Sehen Sie, Herr Kollege, so geht es uns Theologen: Wir wollen Licht machen und machen Lärm!«

Seine erste Schrift verfaßte Ernst Bloch, der zu Weihnachten eine Dampfmaschine bekommen hatte, mit elf Jahren: Sie trug den Titel *Über die Verhütung von Dampfkessel-Explosionen*. Mit dreizehn schrieb Bloch einen Aufsatz *Das Weltall im Lichte des Atheismus* und kam gleich im ersten Satz zu dem Ergebnis: »Die Materie ist die Mutter alles Seienden. Sie allein hat es hervorgebracht, und kein überirdisches Wesen hatte dabei die Hand im Spiel.« Um zwei, drei Jahre reifer geworden, distanzierte er sich von diesem »billigen, vulgären Materialismus« und schrieb nach dem Besuch eines Jahrmarkts, als er einen Luftballon in die Höhe steigen sah, ein Traktat *Neue Hypothese über die Schwerkraft*, die sich gegen keinen Geringeren als Newton wandte. Das fand Bloch auch später in Ordnung, denn er sah darin den Versuch eines Jungen, der aus der Erdenschwere seiner Herkunft hinauf in die hohe Kunst und Wissenschaft, zumindest aber »nach München will, zu Atelierfesten, in die große Musik, in die zwei Pinakotheken« – und dort gelten Newtons Gesetze eben nicht. Und für den Geist der Utopie schon gar nicht. Nicht mal in Spuren. Sondern eben das Prinzip Hoffnung. Jedenfalls für den jungen Ernst Bloch, der in die zwei Pinakotheken will, zu Atelierfesten …

Bloch wollte bei Georg Simmel promovieren. Der lehnte ab, weil sein Kolloquium bereits übervoll war, doch Bloch begann ihm eine halbe Stunde lang seine Ontologie des Noch-nicht zu entwickeln, bis in Simmels Augen Wohlwollen aufleuchtete. »Es scheint, daß philosophische Probleme Sie interessieren«, sagte er, und schon am nächsten Tag erhielt Bloch eine Rohrpostkarte, daß er in das Kolloquium aufgenommen sei. »Da hätte ich nun fast eine Philosophie des Nun-doch entwickelt«, erinnerte sich Bloch später an den großen Moment, »aber ich blieb dann bei meiner bewährten Konzeption.«

In Heidelberg sorgten Bloch und sein Bruder im Geiste Georg Lukács mit prätentiösen Reden für Aufsehen, so daß an der Universität schon die Scherzfrage kursierte: »Wer sind die vier Evangelisten? Matthäus, Markus, Lukács und Bloch.«

Bloch und Lukács diskutierten viel, kontrovers und unkonventionell. »Was müßte erst die Erde selber zu sagen haben«, schwelgte einmal Bloch in einer Phantasie, »wenn sie einen Mund von Lissabon bis Moskau öffnete und nur wenige Urworte donnerte, orphisch...« »Die Erde?« warf Lukács ein. »Sie würde vermutlich lauter Unsinn reden, denn sie hat weder Kant noch Platon gelesen.«

Vor den Nazis floh Bloch in die USA und wohnte einige Zeit in New York, wo auch Paul Tillich lebte. Der riet ihm, Englisch zu lernen, doch Bloch lehnte ab: »Ich werde schon mit Deutsch durchkommen«, und schlug eine Wette vor: »Der erste Mann, dem wir begegnen, versteht Deutsch.« Da kam ihnen auch schon ein großer Neger entgegen. Bloch fragte ihn: »Verzeihen Sie bitte, können Sie mir sagen, wie ich zum Times Square komme?« Der Neger antwortete mit bayrischem Akzent: »Gwiß, da müssen S' nur allweil gradaus gehn.« Bloch warf Tillich einen triumphierenden Blick zu und fragte den Neger, woher er so gut Deutsch könne. »Jo mei, i war in München Zigarettenverkäufer im Café Odeon, gell.«

In einer Gesprächsrunde ging es um die Frage, was man wünschen würde, wenn man bei einer Fee genau einen Wunsch frei hätte. Der eine wollte sich Gesundheit erbitten, der andere seine Kinder verheiratet sehen usw. Als die Reihe an Bloch war, erzählte er die jüdische Geschichte von dem zerlumpten, nur mit einem Hemd bekleideten Bettler, den der Rabbi ebenfalls fragte, welchen Wunsch er an einen Engel hätte. »Ich wollte«, sagte der Bettler, »ich wäre ein großer König und herrschte über ein mächtiges Reich. Ich wohnte in goldenen Palästen und wäre geliebt von meinen Untertanen, gefürchtet von meinen Feinden. Aber da bricht ein Krieg aus. Meine Armee wird vernichtet, das Land verwüstet, mein Volk wendet sich gegen mich und fordert meinen Kopf. Nur mit einem Hemd bekleidet, fliehe ich, gelange über die Grenze, bin gerettet – und jetzt bin ich hier!« »Wozu wünschst du dir das alles, wenn du es schließlich verlierst«, fragte ihn der Rabbi, »du hast ja nichts von deinem Reichtum und deiner Herrlichkeit?« »Doch«, sagte Bloch, »ein Hemd.«

Bloch wurde in den USA gefragt: »Wie fühlen Sie sich in den Staaten?« »Dankbar und unglücklich«, antwortete der Philosoph.

Bloch besuchte Warschau und besichtigte den Kulturpalast, der ihm sehr mißfiel. Als er auf der Dachplattform den Panoramablick genoß, fragte man ihn, welches Bauwerk der Stadt ihm nun am meisten gefalle. »Dieses«, antwortete Bloch und fügte auf die stolze Frage »Warum?« hinzu: »Weil ich von hier aus den Kulturpalast nicht sehe.«

Auch bei Prüfungen verzichtete Bloch nicht auf seine Pfeife. In Leipzig, wo er in den fünfziger Jahren lehrte, kam es einmal zu einem regelrechten Tabakkolleg. Nachdem Bloch die erste Frage gestellt hatte, fragte der Student zunächst zurück: »Darf ich rauchen?« »Bitte!« Er holte eine Pfeife hervor, die noch größer war als diejenige Blochs, stopfte sie langwierig und zündete sie umständlich an. Dann, paffend, die Pfeife immer wieder in die Hand nehmend und zuweilen mit dem Stopfer die Glut anfachend, beantwortete er alle Fragen bis in die Details. Am Ende der Prüfung lobte Bloch den Kandidaten, der die Materie souverän beherrsche. »Aber unabhängig davon gebe ich Ihnen ein ›Ausgezeichnet‹, wegen Ihrer philosophischen Haltung.«

Menschwerdung daheim und draußen vor der Tür

Daß der reife Ernst Bloch sich gern zu seinen Schülern, vornehmlich zu dem hoffnungsvollen, revolutionsstrebsamen Musterknaben Rudolf Dutschke pfeifequalmend ins Gras räkelte, ist bekannt. Daß aber dessen weniger durch Traktate, geschichtsphilosophische Trilogien und wunderliche Wortwendungen, sondern durch gute Nudelpfannen und schwäbische Marmelade berühmt gewordene Gattin Karola ihres Mannes unermüdlich den Massen propagierten »aufrechten Gang« am Herd viel konsequenter übte und im hohen Alter sogar als x-fache Toprednerin während etlicher Tübinger Friedensmanifestationen vor dem Rathaus stimm- und gesinnungsmächtig vorlebte, ja fast unbremsbar schreiend demonstrierte, sollte die sauertöpfische Welt schon wissen.

Selbst wenn sie die Botschaften der Blochs heute mehr denn je weniger denn je »goutiert«.

Jürgen Roth

Utopische Diskothek

Während Beethoven bekanntlich seine drei *Leonoren*-Ouvertüren nicht für gut genug für seine humanitäre Spitzenoper *Fidelio* befand und deshalb extra eine vierte komponierte, die wiederum manchen Kritikus nicht sonderlich befriedigte, aber was soll das schon, dieser findige Kokolores – währenddessen fand der prima Philosoph des Noch-nicht, Ernst Bloch, fast gar kein Ende beim Abspielen und Lauschen der dritten *Leonoren*-Ouvertüre mit dem herrlichen Trompetensignal. Das nämlich ihn, Bloch, nicht nur zum tollen, berauschenden Finale des dreibändigen Extraschinkens *Das Prinzip Hoffnung* inspirierte und drängte, sondern auch sein persönliches herbeiführte. Denn am späten 3. August des Jahres 1977 fühlte sich der hochbetagte, blinde Mann derart elend, daß er begehrte, die Klemperer-Einspielung der *Leonore* III vom Grammophon zu hören, und des frühen nächsten, ja neuen Tages, am 4. August, gleich verstarb.

Jürgen Roth

Eines Tages, Mitte der Dreißiger Jahre, saßen Max Horkheimer, Adorno und Pollock wieder mal im Grandhotel Abgrund herum und philosophierten vor sich hin. »Das Ganze ist das Unwahre!« zischelte Adorno plötzlich emphatisch, doch Pollock bestand darauf, so brutal könne man es auch wieder nicht sagen; erstens mache das in der Öffentlichkeit einen schlechten Eindruck und zweitens sei es einfach nicht wahr, »und was wahr ist, muß auch wahr bleiben!« rief Pollock und haute auf den Hoteltisch in der Lobby, »ist doch wahr!« Horkheimer versuchte wie immer zu vermitteln und schlug erst mal eine ruhige Partie Skat vor – doch Pollock wollte einfach nicht nachgeben – und Adorno seinerseits insistierte sogar darauf, daß gerade die perhorreszierende Rigidität seines notabene Hegel negierend auf den Kopf stellenden Theorems viel Beifall, ja echte Popularität zu erwarten habe, wenn alles gut ginge.

Und wie recht Adorno behalten sollte, weiß der, der, während Horkheimer die Karten mischte, mitkriegte, wie geschickt, wie äußerst geschickt jener mischte …

Eckhard Henscheid

Im Exil hatte Horkheimer das Frankfurter »Institut für Sozialforschung« als New Yorker »Institute of Social Research« wiedergegründet. Dort versuchte auch der emigrierte Wilhelm »Die Orgon-Theorie« Reich unterzukommen. Horkheimer sträubte sich lange, doch schließlich gab er dem Drängen insbesondere Herbert Marcuses und Erich Fromms nach, die meinten, zwischen dem Psychoanalytiker, der Freud und Marx zusammenbringen wolle, und der Kritischen Theorie ließen durchaus Gemeinsamkeiten sich finden. Aber natürlich divergierten die Auffassungen von Horkheimer und Wilhelm »Das Riesen-Orgon« Reich dann doch zu sehr, und Reich mußte bald wieder gehen. Der noble Horkheimer aber machte Marcuse und Fromm keinen Vorwurf: »Ihr hattet recht!« sagte er. »Wilhelm Reich und ich hatten tatsächlich eine Gemeinsamkeit: Wir mochten uns nicht.«

Die Arbeit an ihrem gemeinsamen Hauptwerk *Dialektik der Aufklärung* teilten sich Max Horkheimer und Th. W. Adorno so ein, daß der erstere jeweils von 8 bis 12 Uhr, der andere nach der Mittagessen-Aussprache von 14 bis 18 Uhr dran tippen sollte. Das ging auch eine Zeitlang ganz gut und die Arbeit zügig voran – einmal aber hatte Horkheimer am Abend zuvor einen über den Durst getrunken, und am nächsten Tag an der Schreibmaschine tat er sich natürlich schwer. »Die Di... die Di... die Dings... Didi-Vava-Pele... die Diarrhoe... die Di...«, so raunte es eine Stunde lang durch seinen Kopf, es mochte aber nicht recht vorwärtsgehen – so daß Horkheimer Adorno zu sich befahl, dieser möge doch ausnahmsweise schon am Vormittag für ihn weitermachen – er, Horkheimer, schaue sich derweil auf der Bank um und kümmere sich um die Verlagsvorschüsse. Th. W. Adorno durchschaute natürlich des Freundes Handicap sofort und ließ sich die Gelegenheit zu einem Streich nicht entgehen. »Die Dialektik«, vollendete er schelmisch, »haut nur hin, wenn zwei sich nüchtern stets bemühn!«

Erschrocken über die latent autoritative Rankünе und falsche, nämlich scheinhafte Geschmeidigkeit des kontingenten Reims, strich Adorno die Zeile aber sofort wieder durch, um, freilich nicht weniger anspielungsreich, fortzufahren: »Die beiden prototypischen Schiffbrüchigen machen aus ihrer Schwäche – der des Individuums selber, das von der Kollektivität sich scheidet – ihre gesellschaftliche Stärke. Dem Zufall des Wellengangs ausgeliefert, hilflos isoliert, diktiert ihnen ihre Isoliertheit die rücksichtslose Verfolgung des atomistischen Interesses.«

Als Max Horkheimer am Abend von seinem Frühschoppen zurückkam und seine sieben Zwetschgen soweit wieder beieinander hatte, lobte er sehr die neue Lösung. Und dies, obgleich er, ehrlich gesagt, die Sache mit dem »atomistischen Interesse« noch immer nicht ganz kapierte. Aber sei's wie dem wolle, schon am nächsten Tag ging alles wieder seinen geregelten Gang, das Buch wurde langsam fertig und ein voller Erfolg – und Adorno konnte sich endlich seinen Lieblingswunschtraum erfüllen: einen nagelneuen Porsche Turbo.

Eckhard Henscheid

Adorno hielt einen Rundfunkvortrag. »Noch der Baum, der blüht, lügt in dem Augenblick, in welchem man sein Blühen ohne den Schatten des Entsetzens wahrnimmt«, begann er. »Noch das unschuldige Wie schön wird zur Ausrede für die Schmach des Daseins, das anders ist, und es ist keine Schönheit und kein Trost mehr«, beschleunigte Adorno, »außer in dem Blick, der aufs Grauen geht, ihm standhält und im ungemilderten Bewußtsein der Negativität«, pointierte Adorno nun überraschend, »die Möglichkeit des Bessern festhält.« »Na also«, krähte ein Rundfunktechniker in die Aufnahme hinein, »'s geht doch!«

In einem Musikseminar unterbrach Adorno seinen Schüler Joachim Kaiser mit dem Satz: »Herr Kaiser, ich verstehe Sie nicht.« Mit kühler Irritation erwiderte der begabte junge Mann: »Das will ich gern glauben.«

1968 hatte Adorno einen Traum: Der Studentenführer Hans-Jürgen Krahl kam nachts an sein Bett und setzte ihm das Messer an die Kehle. »Aber Herr Krahl«, beschwerte sich Adorno, »warum gerade ich?!« »Aber Herr Professor«, beruhigte ihn Krahl, »das dürfen Sie jetzt nicht personalisieren.«

Einmal neckte Habermas Theodor W. Adorno, der ja eigentlich »Wiesengrund« hieß (wovon noch heute das »W« Zeugnis ablegt), mit dem Aperçu, er sei wohl der Verfasser des Volkslieds *Im schönsten Wiesengrunde.* Doch der versierte Adorno beschämte den Jüngeren mit dem Verweis, Anekdoten auf solch schlecht-naiver, ergo korrupter Ebene, welche die Kontinuität unbarmherziger Selbstreflexion verrieten, schätze er, Adorno, nun mal nicht, und außerdem habe er, Habermas, auch eine Hasenscharte …

Eckhard Henscheid

Theodor W. Adorno hatte eine Vorliebe für blonde Studentinnen, die allerdings so lange platonisch blieb, bis sein Assistent Jürgen Habermas ihm diskret zu verstehen gab, daß heutzutage der bloße Hinweis auf den kategorischen Imperativ nicht mehr unbedingt als erotisches Signal verstanden werde. Es müsse heißen: »Und Sie werden sehen, es gefällt Ihnen.« Der Dialektiker Adorno nickte, und beim nächsten Flirt sagte er an der entscheidenden Stelle: »Und Sie werden sehen, es gefällt mir.«

Werner Fuld

Dreischritt der Konfusion

Ein wenig Verwirrung stiftete Teddy Adorno einmal, als er mit seinem unerfahrenen Kollegen Jürgen Habermas an einer Ampel der Senckenberganlage stand, einer stark frequentierten Frankfurter Hauptstraße zwischen dem Campus sowie dem hochästimierten *Café Bauer* (schöne Weiber, saftiger Mohnkuchen) und dem Institut für Sozialforschung. Zum einen stürzte Adorno den Jungspund in tiefe Skepsis, weil er das Notizbuch blitzartig hervorzog und eine gerade passierte gescheite und elegante Bemerkung notierte, was jeder systematischen philosophischen Beweisführung Hohn sprach; zum zweiten querte er einfach bei Rot den Asphalt, ein Verhalten, das Habermas gar nicht verstand; und, drittens und zu allem Überfluß, hechtete er einer langbeinigen Blondine hinterher, die Habermas ohnehin nie abgekriegt hätte.

Gretel Adorno kannte ihren Pappenheini längst und erlaubte ihm prinzipiell anything. Lediglich blonde Sekretärinnen durfte der notorische Bordellhengst auf Geheiß der Gattin nicht engagieren. Und Max Horkheimer grummelte, den anderen Teil der leidigen Sache erledigend, Adorno brieflich zu, der Habermas sei gefährlich, ein toller Hund und zeichne sich durch nichts außer durch »fehlenden geistigen Takt« aus. Und ticke halt nicht recht gescheit. Basta.

Jürgen Roth

Als Max Horkheimer seinerzeit auf dem Sterbebett gefragt wurde, was es eigentlich mit jener geheimnisvollen Formel von der Sehnsucht nach dem »Ganz anderen« auf sich habe, von der er zuletzt so gern gesprochen hatte, da lächelte Horkheimer, wußte es aber selber nicht mehr. *Der* Ganz Andere lächelte auch, wartete auf den letzten Schnaufer des großen Gelehrten und holte dann seine Seele heim. So geht's immer, immerfort.

Eckhard Henscheid

Zuvor aber schon, als in Frankfurt endlich selbst das Grandhotel Abgrund für den Abriß freigegeben und die »Frankfurter Schule« damit endgültig auseinandergebrochen, ja buchstäblich dem Erdboden gleichgemacht war, vorher schon organisierte Max Horkheimer von der Schweiz aus ein letztes Kameradschaftstreffen in Wyk auf der Nordseeinsel Föhr.

Warum auch immer gerade dort – alle, alle waren gekommen, doch als man, wie gewohnt, im Grandhotel der Insel absteigen und die Vorbereitungen für einen Bunten Abend mit Seminar und Lampions treffen wollte, war das Hotel schon vollbesetzt mit Surfern, CB-Funkern und Menschen in gelben Regenmänteln, und der Wirt, eine selten taube Nuß, sagte, daß kein Platz mehr für sie sei.

Unverdrossen orderte nun Max Horkheimer für jeden seiner ehemaligen Kombattanten wenigstens einen Strandkorb, sie stellten sie nebeneinander im Sande auf, Dämmerung brach herein, und die Herren nahmen, mit Blick auf die unruhig wabernde See, Platz.

»Wie in alten Zeiten!« rief, nach einer Weile fast dröhnenden Schweigens, Herbert Marcuse. Der Wellenschlag der Nordsee hallte nach.

»Wieso?« kam es nach einigen Minuten hell aus dem Strandkorb Adornos. Wieder Stille.

»Ach was!« Das war die Frommsche Stimme. Eine lange Pause trat ein.

»Na immerhin!« So brüchig, dennoch ungebrochen Pollock wenig später.

»Und überhaupt, wenn wir die Radikalität von Erkenntnis –« Der Rest von Habermasens Meinung ging im Meerschwall wohl für immer unter. Hätten die Freunde einander sehen können, schwerlich wäre ihnen entgangen, wie eine dicke kristallene Zähre da über die Wange von Max Horkheimer sich stahl und lautlos dann versickerte. Dann brach eh die Nacht herein.

Eckhard Henscheid

In den späten 70er Jahren dagegen bewarben sich viele darum, einst Lieblingsschüler Adornos gewesen zu sein. Als Sieger aus dem Rennen ging schließlich der Filmschauspieler und Werber Alfred Edel hervor, der angibt, »seinerzeit an der Uni viel mit Adorno und Habermas spekuliert« zu haben, der seine Denkperspektiven heute als »eine Legierung von Mystagogik und utopisch strukturiertem Maoismus« bezeichnet und sein Lebensprogramm als das »Miteinander von radikaler Erkenntnis und gemütlicher Moral, mit anderen Worten: viel essen, viel trinken, fromm sein und a bißl geil.«

Genau.

Eckhard Henscheid

Schmidteinander

Nicht nur pflegte der frühere Assistent der Frankfurter Institutsgrößen Horkheimer und Adorno, Alfred Schmidt, die Frauen, sofern sie meinten, auch einmal philosophieren und darob philosophische Bücher über Feuerbachs Lehre der Körperlichkeit herunterschmieren zu müssen, dergestalt ex cathedra in die Schranken zu weisen, davon halte er rein gar nichts. Nicht nur schmähte er während einer mündlichen Magisterprüfung wohl eben deshalb die Einwände der beisitzenden feministischen Filmwissenschaftlerin Schlüpmann betr. Fichtes sog. »Ich der Tathandlung«, da äußere sich ein verratztes und heute total obsoletes »Subjektdenken«, das die postmoderne Dekonstruktion des bürgerlich-abendländischen Männerdiskurses längst unwiederbringlich ad acta gelegt hätte, ungefähr als »Unfug«, über den er weiter nicht zu debattieren gedenke. Nicht nur traf er sich dieser immer stärker die Akademie ergreifenden Widrigkeiten wegen lieber mit seinem alten Münchner Bohemekumpel und einstigen selbsternannten »freien Assistenten Adornos« Alfred Edel im Frankfurter *Café Laumer*, dort – wo Adorno, dem er, Alfred, also Schmidt, nach eigenem Bekunden sämtliche Marxpartien in die *Negative Dialektik* reindiktiert, weil der Teddy nicht den Hauch einer Marxahnung besessen habe, jeden Morgen dem SDS-Führer KD Wolff beim Frühstück den jüngsten Wasserstand der Revolution abfragte – für das hessische Fernsehen eine Tête-à-tête-Erwägung zur Aktualität des »Kulturindustrie«-Kapitels der *Dialektik der Aufklärung* zusammenzuschmarren, in der seitens Alfreds, also Edels, rein nichts stimmte. Nein, nicht nur parierte Alfred Schmidt diverse Umstände stets leichter Hand, der erstaunlich umfängliche, d. h. den Materialismus Engels' (»The proof of the pudding is in the eating«) quasi hegelianisch in der eigenen Existenz bodybetont auf den Begriff bringende letzte Verfechter der sog. Kritischen Theorie ließ es darüber hinaus nicht sich nehmen, vor der Seminarstunde, indessen die Kofferträger Jung und Grün schon mal lospreschten, die Tafel wischten und den Thron korrekt herstellten, am Kaffeeautomat einen Plastikbecher mit geweißtem Heißgetränk zu ziehen. Und zu erklären: »Ich habe immer ein 50-Pfennig-Stück dabei.«

Als ein Schüler, zufällig desgleichen die Intention verfolgend, einen »Hallo-wach«-Sud zu kaufen, die Gegenposition aufmachte und i. S. der bestimmten Negation sagte: »Ich habe ein 1-Mark-Stück«, erwiderte der Dialektiker: »Das tut nichts.«

Und auch dieser Antagonismus war gelöst, praktisch aufgehoben, und in seine seinseigentliche Nichtigkeit zurückgeworfen.

Jürgen Roth

Aus dem Bauch

Begeistern konnte sich der Materialismustycoon Alfred Schmidt besonders, wenn er im Rahmen seiner ideengeschichtlichen Erläuterungen die Entdeckung der »Körperlichkeit« durch die Pioniere Feuerbach und Engels abhandelte. Dann spannte er den weinfaßvoluminösen Ranzen noch etwas imposanter als im Normalnaturzustand, ja preßte ihn, aufs gebrechliche Institutsstühlchen gefährlich massiv gepflanzt, direkt demonstrativ heraus, hob die schinkendicken Arme und beschrieb mit ihnen einen Kreis, der sich vor dem wanstwuchtigen, bebenden, zirka drei Zentner schwerwiegenden Speckberg schloß. »Das wollen wir nicht vergessen«, stanzte Schmidt dergestalt wägend und wogend besagte Lehre in den Raum, »daß die Philosophie plötzlich den Leib anerkennt, den Leib, den Körper in seiner ganzen Bedeutung, in seinem vollen Bedeutungsumfang.«

Eine runde Sache.

Jürgen Roth

Konfliktkommunion

Sehr schön war, wie man als wissensscharfer Hochschüler der Philosophie, der das Grundstudium inkl. Logikpflichtklausur gemeistert hatte, in Frankfurt eintraf und prompt, statt nach einer Wohnung Ausschau zu halten, in die Abschlußveranstaltung des 1989er Wittgensteinsymposiums geriet; dawo es zwischen den Hochkarätern Habermas, Ernst Tugendhat, Richard Rorty und Karl-Otto Apel um kommunikative Kompetenz, Diskurs und die Theorien der Verständigung ging. Nun, die Argumente wurden über das Pult geschoben, und der US-amerikanische Kaminzimmerdenker unterstrich mehr den Dissenscharakter menschlicher Gesprächszusammenkünfte, da brauste plötzlich der kleinwüchsige, feuerfidele Urrheinländer Apel, dessen Renommee auf den Gebieten der historischen und allgemeinen Sprachtheorie außer Zweifel standen und stehen, von rechts außen her kommend von seinem Hocker hoch, zischte in die Mitte der Bühne, riß das Hauptmikrophon zu sich her und bellte und brüllte, ja kollerte und keifte richtig fauchend und ferrarirot platzkopfert an Rorty und das Publikum hin: »Performativer Selbstwiderspruch! Performativer Selbstwiderspruch! Sie reden ja hier! Performativer Selbstwiderspruch! Ich sage es ja: Das ist er, der performative Selbstwiderspruch!« Usw.

Auch Herrn Habermasens verzagt via Lautsprecher dem Kumpel nuschelnd unterbreitete Beschwichtigungsgesuche (»Karl-Otto! Karl-Otto! Karl-Otto!«) vermochten den rasenden Aufklärer nicht zu bremsen noch zu beruhigen, und man verließ schmunzelnd den ehrenwerten Saal während des feinsten Philosophenkrawalls seit den legendären Schopenhauer-Hegel-Balgereien. Oder wenigstens seit der Kontroverse Toni Schumacher contra Kalle Rummenigge (Mexiko 1986).

Jürgen Roth

Gesegnetes Argument zur Finalität

In der alten und auch sehr altehrwürdigen Tübinger Burse, einem wahnsinnig alten Fachwerkbau direkt am Neckar, kaum einen Demonstrantensteinwurf vom äußerst ehrwürdigen und wahrlich alten Tübinger Hölderlinturm entfernt, da rang der bereits etwas ältere und für seine gewissermaßen Konfrontationsbereitschaft bezüglich des damals extrem akuten Themas »Habermas« über den Tübinger Stadtkreis hinaus bekannte und nicht immer höchstens geschätzte, seit alters her sehr eingefleischte Rechtshegelianer Klaus (und nicht Nicolai!) Hartmann, seines Zeichens natürlich ein »Prof.« von echtem Status und Salär, um den Wahrheitsgehalt der Mitte oder schon eher gegen Ende der zwanziger Jahre erschienenen und dem Phänomenologiebegründer und Lehrer Edmund Husserl zugeeigneten Schrift *Sein und Zeit* des dereinst glockenzart hinanstrebenden Initiators der Existentialhermeneutik, des Freiburger Ordinarius Martin Heidegger. Er, Hartmann, tat dies stets, und zwar zwei ewige »Lektüresemester«, wie man jenes Genaulesen hieß, lang, indem er zunächst mit einem imposant dampfenden Zigarillo, die Treppen der knarzenden, schon etwas sehr betagten Burse hinabtänzelnd, die wenigen ihm genehmen, weil ebenso versonnen und tiefsinnend rauchenden Lehrlinge heftigen Handgrußes anging, um zu betonen, man möchte zu seinen und den ihrigen Gunsten einen Antrag fürs Rauchen während der »Sitzung« stellen, er werde ihn gewissenhaft stützen und unterstützen; um dann sich an den Tafeltisch zu setzen, geringfügig den Kopf zu neigen und den Heidegger rezitieren zu lassen. Zirka eine Viertelstunde verstrich, und er stoppte den studentischen Vortrag, als es z. B. die »philosophische Angst« gegenüber der gewöhnlichen Angst auszuklügeln galt, nämlich das bis heute erregt diskutierte »Sein zum Tode«; und beschied die sehr klugen und fahlforschen Beiträge der nichtrauchenden Zöglinge abschneidend abschließend: »Meine

Herren, meine Damen, ich sehe hier nichts mehr. Können Sie noch etwas sehen? Das Argument ist kaputt. Ich breche die Sitzung ab.«

Zirka drei Jahre später starb der kaputte Hegelianer leider an einem Raucherleiden oder etwas anderem Gräßlichen, das Sein und die Zeit wahrscheinlich, den Gesetzen der Wahrheit nach, zu verwerfen und, genug habend und den versammelten philosophischen Schamott aushauchend, kopfwegwiegend letztens abzusegnen.

Jürgen Roth

Isaiah Berlin sprach mit Ramin Jahanbegloo über Hannah Arendt. »Sie scheint sehr stark von deutschen und einigen angelsächsischen Denkern beeinflußt«, sagte Berlin. »Und anscheinend von niemand sonst«, ergänzte Jahanbegloo. »Und von den deutschen auch nicht wirklich«, führte Berlin aus. »Geschweige denn von angelsächsischen«, schloß Jahanbegloo.

Louis Althusser hatte seine Frau erwürgt. Kommentar eines Kollegen: »Das war das erstemal, daß die französische Arbeiterklasse ihn verstand.«

Bei einem Kongreß gab es mittags zum Nachtisch Wakkelpudding. Bei dessen Anblick kam dem Physiker und Philosophen Carl Friedrich von Weizsäcker die Idee zu einer Raumwellentheorie. Um sich besser konzentrieren zu können, schloß er die Augen. Der Kellner mißverstand das und räumte den Pudding ab. Als Weizsäcker die Augen wieder öffnete, war der Pudding fort – und die Idee auch. Kein noch so tiefes Grübeln konnte sie wieder herbeizaubern.

Carl Friedrich von Weizsäcker, der acht Jahre älter als der Politiker und Bundespräsident Richard von Weizsäcker war, wurde gefragt, ob er der Bruder des berühmten Weizsäcker sei. »Nein«, antwortete er. »Das ist mein Bruder.«

Der Kasseler Mathematikprofessor Friedrich Wille hielt eine Anfängervorlesung und begann mit Logik. Zunächst klärte er, was man unter einer »Aussage« versteht: »Eine Aussage ist ein Text, dessen Inhalt entweder wahr oder falsch ist«, und nannte als Beispiel den Satz: »Karl ist krank.« In diesem Augenblick fiel dem Professor siedendheiß ein, daß er unbedingt einen lebenden Menschen namens »Karl« brauchte, auf den sich der Satz bezog, denn andernfalls konnte man den Satz weder als wahr noch als falsch bezeichnen, und er wäre gar keine Aussage. Wille fragte also in den Saal: »Ist jemand unter Ihnen, der Karl heißt?« Sekundenlange Stille. Dann eine Stimme aus dem Hintergrund: »Der ist krank!«

Paul Feyerabend bewarb sich in Zürich um eine Professur, ohne sich aber allzuviel ins Zeug zu legen. Als er sich der Fakultät vorstellte, antwortete er auf die Frage, warum er gerade hierher wolle: »Weil das Gehalt gut und die Lehrverpflichtung minimal ist.« »Was halten Sie vom Begriff der Wahrheit?« »Das ist eine rhetorische Floskel.« Die Universität holte Zeugnisse über ihn ein. »Feyerabend ist für jeden Skandal gut«, stand darin, oder: »Seine Anstellung würde der Reputation jedes Philosophischen Instituts schaden.« Trotzdem kam Feyerabend in die enge Wahl und sollte probeweise eine Semestervorlesung halten. Anfangs strömten die Hörer hin, doch bald blieben sie aus. Als die Stelle besetzt werden sollte, empfahl die Schweizer Bundesbehörde deshalb die Ablehnung, aber der Rektor entschied sich für Feyerabend. Er sagte: »Auch ein so bedeutender Philosoph wie Feyerabend kann eine so große Universität wie die Eidgenössische Technische Hochschule nicht zugrunde richten.«

Paul Lorenzen hatte eine Tagung so dominiert, daß Paul Feyerabend sich die Tonbänder besorgte und mit Lorenzen wettete: »Egal wo ich das Band stoppe, werden Sie zu hören sein.« Lorenzen hielt dagegen, Feyerabend stoppte das Band, und zu hören war nicht Lorenzen. »Na also!« sagte er zu Feyerabend. Beim nächsten Stop war Lorenzen wieder nicht zu hören. »Ich wußte es ja«, sagte er, aber er schien irritiert. Als auch der dritte Versuch dasselbe Ergebnis brachte, war Lorenzen ernstlich betrübt.

Paul Lorenzen und Paul Feyerabend stritten sich einmal darüber, wer den schöneren Vornamen habe. Lange wogte der Streit hin und her – bis Paul Feyerabend mit den Worten »Der Klügere gibt nach« aufsteckte. »Aber der Dümmere hat recht!« konterte Lorenzen, und der Streit ging weiter.

Paul Feyerabend war mit Jürgen Habermas zu einem Abendessen beim Frankfurter Oberbürgermeister eingeladen. »Ich habe lange gezögert«, schrieb er dem Freund Hans Peter Duerr, »dann aber doch abgesagt und statt dessen zu Hause *Die toten Augen von London* mit dem Fuchsberger und dem Kinski angesehen, viele schöne Morde.«

Liebenswerte Philosophie

Mein hochverehrter Leipziger Philosophieprofessor Helmut Seidel pflegte einen fürsorglichen, geradezu verzeihenden Umgang mit seinen Schülern. Gerne war er bereit, uns durch seine Gabe, das Negative immer auch positiv ausdrücken zu können, Zeugnis und Attest auszustellen. Seine Prüfungsbewertungen fielen daher stets milde und motivierend aus: Ein »sehr gut« nobilitierte er mit den Worten »Jawohl, so wird's gemacht!«, eine gute Leistung goutierte er mit »Ja, so kann man es machen!«, und den eher peinlichen Situationen wußte er noch mit der Freundlichkeit »Oha, so kann man es *auch* machen!« zu begegnen.

Bert Sander

Nicht-mehr-Bier

Indes der Sartrekenner und Experte für frühromantische Ästhetik Prof. Dr. Manfred Frank jene Schüler, die er während der Sprechstunden befragte über ihre Schwerpunkte und Lieblingsthemen, dann, stellte sich heraus, daß sie aus dem Bergischen oder gleich aus Wuppertal, Engels', Johannes Raus und seiner Geburtsstadt, kämen, unverblümt anging, sie mögen ihm bitte im Zuge des nächsten Heimaturlaubes ohne weitere Verzögerung einen Kasten Wicküler Pils mitbringen.

Leider gab es die betreffende Brauerei schon damals nicht mehr, was Frank bloß in dem bittersüßen Wunsch bestärkte, man solle, so man von der Sartre-Dialektik betr. Sein und Nichts in Kenntnis gesetzt sei, ihm daher erst recht diesen Kasten herschaffen und spendieren. Wem es gelang, »haben« wir »nie mit hinreichender Gewißheit in Erfahrung bringen können« (Henry Fielding, *Joseph Andrews*).

Jürgen Roth

Der Göttinger Rechtsphilosoph Ralf Dreier nahm an einem Hegelkongreß teil. Man strömte aus dem Tagungssaal, Mittagspause. Ein Kollege reckte und streckte sich: »Ausgezeichnete Vorträge...« »Aber«, Dreier dehnte sich, »der richtige Schlaf war es doch nicht.«

Auf einer Dampferfahrt mit den Teilnehmern einer Tagung in Kiel erklärte Hans Lenk die Sehenswürdigkeiten der Stadt. Als am Ufer große Auffangbecken auftauchten, rief er: »Hier sehen Sie das städtische Pendant zum Philosophischen Institut!« »Wie meinen Sie das?« stutzten einige Kollegen. »Ich meine es so«, sagte Lenk, »daß dies die städtische Kläranlage ist.«

Niklas Luhmann bewarb sich Ende der sechziger Jahre an der neugegründeten Universität Bielefeld und sollte seine Forschungsvorhaben angeben. Luhmann schrieb: »Mein Projekt lautet: Theorie der Gesellschaft; Laufzeit: 30 Jahre; Kosten: keine.« 1968: Luhmann bekommt den Lehrstuhl; 1984: sein Buch *Soziale Systeme* erscheint; 1990: *Die Wissenschaft von der Gesellschaft* erscheint; 1997: *Die Gesellschaft der Gesellschaft* erscheint; 1998: Luhmann stirbt. Laufzeit: 30 Jahre.

Zwei Philosophiestudenten im Gespräch. »Kennst du Hans Blumenberg?« »Nie gehört, aber ich gehe auch kaum ins Kino.«

Auf einem Philosophiekongreß unterbrach jemand unwillig den Redner: »Sie haben jetzt manches gesagt, das wahr, und manches, das schön ist. Aber das Wahre darin war nicht schön und das Schöne darin nicht wahr.« »Es freut mich, Herr Kollege, daß mein Vortrag Sie so angeregt hat«, erwiderte der Redner. »Vielleicht wären Sie nun so freundlich, mit meinen Ausführungen fortzufahren.«

Verzeichnis der Autoren, Texte und Druckvorlagen

Auf Seitennachweise wurde verzichtet, wenn bereits bei den Anekdoten selbst Kapitelziffern genannt sind, also bei Diogenes Laertios, Konfuzius' *Gesprächen* und der biblischen Apostelgeschichte.

Das Evangelium nach Thomas dem Israeliten *Und während die Kinder spielten; Es war Joseph, der Vater Jesus'.* Aus: Die andere Bibel mit Altem und Neuem Testament. Ediert und bearb. von Alfred Pfabigan. Frankfurt a. M.: Eichborn, 1991. S. 17f., 22. – © 1991 Eichborn AG, Frankfurt am Main.

Äsop (6. Jh. v. Chr.) *Das Kamel.* Aus: Die Äsopischen Fabeln. Deutsch von Wilhelm Binder. 2. Aufl. Berlin: Langenscheidt, [1905]. Nr. 169. S. 76.

Anekdotenalmanach *Moses Mendelssohn war Buchhalter.* Aus: Anekdotenalmanach auf das Jahr 1809. Gesammelt und hrsg. von Karl Müchler. Berlin: in der Buchhandlung des Commercien-Raths Matzdorff, [o. J.]. S. 295.

Berliner Anecdoten *Professor K. in B. hatte einen Sohn.* Aus: Berliner Anecdoten und Geschichtchen. Berlin: Burmeister und Stange, 1839. S. 7.

F. W. Bernstein (d. i. Fritz Weigle, geb. 1938) Nietzsche in Not. (Erstveröffentlichung.) – Mit Genehmigung von F. W. Bernstein, Berlin.

Nicolas Chamfort (d. i. Sébastien Roch Nicolas, 1741–1794) *Herr von Voltaire, der merkte.* Aus: N. C.: Ein Wald voller Diebe. Maximen Charaktere Anekdoten. Übers. von Fritz Schalk. Nördlingen: Greno, 1987. S. 215.

Johann Peter Eckermann (1792–1854) *Hegel ist hier.* Aus: J. P. E.: Gespräche mit Goethe in den letzten Jahren seines Lebens. Hrsg. von Fritz Bergemann. Wiesbaden: Insel, 1955. S. 600 f.

Werner Fuld (geb. 1947) *Theodor W. Adorno hatte eine Vorliebe für blonde Studentinnen.* Aus: W. F.: Als Rilke noch die Polka tanzte. Neue unwahre Anekdoten über das Leben, die Liebe und die Kunst. München: Luchterhand, 1995. S. 82. – Mit Genehmigung von Werner Fuld, Inning.

Robert Gernhardt (geb. 1937) Versuch einer Ergänzung von Platons *Gastmahl*; Die Weisheitslehren des Lao-tschi. Aus: R. G. / F. W. Bernstein / F. K. Waechter: Die Wahrheit über Arnold Hau. Frankfurt a. M.: Zweitausendeins, 1974. S. 100–102, 111f. – Frankreich. Aus: R. G.: Die Blusen des Böhmen. Geschichten, Bilder, Geschichten in Bildern und Bilder aus der Geschichte. Frankfurt a. M.: Zweitausendeins, 1977. S. 21f. © Robert Gernhardt, alle Rechte vorbehalten.

Hegel beim Billard *Ernst Troeltsch konnte sein Temperament*; *Die Großmutter von Bertrand Russell durchkreuzte die Was-ist-Fragen ihres Enkels.* Aus: Hegel beim Billard. Die besten Anekdoten über große Denker. Gesammelt und hrsg. von Peter Kauder. München: C. H. Beck, 2000. S. 28, 117. – © 2000 Verlag C. H. Beck, München.

Eckhard Henscheid (geb. 1941) *In Heidelberg war es, wo Hegel; Einmal, als Hegel wieder zuviel Wein in sich gepfiffen hatte*; *Wie bekannt, bezeichnete Hegel*; *Arthur (»Arthur«) Schopenhauer war Hegeln bekanntlich allzeit spinnefeind*; *Einmal wollte sogar Goethe*; *In Heidelberg war es, da spielten*; *Eines Tages, Mitte der Dreißiger Jahre*; *Die Arbeit an ihrem gemeinsamen Hauptwerk*; *Einmal neckte Habermas Theodor W. Adorno*; *Als Max Horkheimer seinerzeit auf dem Sterbebett gefragt wurde*; *Zuvor aber schon*; *In den späten 70er Jahren dagegen bewarben sich viele darum.* Aus: E. H.: Wie Max Horkheimer einmal sogar Adorno hereinlegte. Anekdoten über Fußball, Kritische Theorie, Hegel und Schach. Mit Zeichnungen von F. W. Bernstein. Zürich: Haffmans, 1983. S. 80f., 107, 87, 88, 90, 91–93, 41–43, 43–46, 62, 69f., 70–72, 67f. – Mit Genehmigung von Eckhard Henscheid, Frankfurt am Main.

Reinhold Bernhard Jachmann (1767–1843) *Der Magen, der so lange Zeit hindurch aufs wunderbarste seinen Dienst versehen.* Aus: Immanuel Kant geschildert in Briefen an einen Freund. In: Immanuel Kant. Sein Leben in Darstellungen von Zeitgenossen. Die Biographien von L. E. Borowski, R. B. Jachmann und A. Ch. Wasianski. Hrsg. von Felix Groß. Berlin: Deutsche Bibliothek; 1912. S. 117–212, hier S. 204.

Luigi Malerba (geb. 1927) *Ein Huhn aus Vibo Valentia.* Aus: L. M.: Die nachdenklichen Hühner. 131 kurze Geschichten. Aus dem Italien. von Elke Wehr. Mit Zeichnungen von Matthias Koeppel. Berlin: Wagenbach, 1984. S. 61. – © 1984, 1995 Verlag Klaus Wagenbach, Berlin.

Neue Gespräche der Welt von heute *Wang Hui-dschih lebte in Schan-yin.* Aus: Chinesische Weisheit. Übers. und hrsg. von Günther Debon. Stuttgart: Reclam, 1993. S. 202. – Die »Neuen Gespräche der Welt von heute« wurden gesammelt und hrsg. von Liu I-king (403–444).

Hans Reimann (1889–1969) Philosophisch. Aus: H. R.: Sächsische Miniaturen. Frankfurt a. M.: Weidlich, 1957. S. 20. – © 1957 Mohnkopfsteindrucke Wolfgang Weidlich, Frankfurt am Main.

Roda Roda (d. i. Sándor Friedrich Rosenfeld, 1872–1945) Die Bekehrung; Wissenschaft. Aus: R. R.: Fünfhundert Schwänke. München: Deutscher Taschenbuch Verlag, 1989. S. 86, 66. – © 1996 Thomas Sessler Verlag, Wien. – Stimme aus dem Jenseits. Aus: Roda Roda's Geschichten. Hrsg. von Gregor von Rezzori. Hamburg: Rowohlt, 1956. S. 29. – © 1993 Paul Zsolnay Verlag Gesellschaft m.b.H., Wien.

Karl Rosenkranz (1805–1879) *Die Unterhaltung bei Tische war meistens der Art*; *Wie grüblerisch er [...] werden konnte.* Aus: K. R.: Georg Wilhelm Friedrich Hegel's Leben. Berlin: Duncker und Humblot, 1844. S. 360f., 60f.

Jürgen Roth (geb. 1968) Aus dem Bauch; Nicht-mehr-Bier. Aus: J. R.: Wirkungen der Wurst. Kulinarik, Kneipe, Kwatsch. Göttingen: Satzwerk, 2001. S. 163, 164. – Menschwerdung daheim und draußen vor der Tür; Utopische Diskothek; Dreischritt der Konfusion; Schmidteinander; Konfliktkommunion; Gesegnetes Argument zur Finalität. (Erstveröffentlichungen.) – Mit Genehmigung von Jürgen Roth, Frankfurt am Main.

Sahih al-Buhari (d. i. Abu'Abdullah Muhammad Ibn Isma'il Ibn Ibrahim Ibn al-Mugira Ibn Bardizbah al-Buhari al-Gu'fi, 810–870) *Einige Juden kamen zum Gesandten Gottes* aus: S. al-B.: Nachrichten von Taten und Aussprüchen des Propheten Muhammad. Ausgew., aus dem Arab. übers. und hrsg. von Dieter Ferchl. Stuttgart: Reclam, 1991. S. 430.

Bert Sander (geb. 1960) Liebenswerte Philosophie. (Erstveröffentlichung.) – Mit Genehmigung von Bert Sander, Leipzig.

Paul Schabacker (geb. 1957) *Der Krieg ist der Vater aller Dinge*; *Mit Clausewitz nahm es ein schlimmes Ende.* Aus: Titanic. Das endgültige Satiremagazin. H. 6. Jg. 1983. S. 37. – Die Wahrheit über den Studiosus Marx. (Erstveröffentlichung.) – Mit Genehmigung von Paul Schabacker, Göttingen.

Paul Schabacker / Hardy Siedler (geb. 1956) Aus dem Leben eines Heilands. Zusammengestellt aus: P. Sch. / H. S.: Aus dem Leben eines Heilands. In: Kowalski. Das einzig freie Blatt im Westen. H. 12. Jg. 1988. S. 29; P. Sch. / H. S.: Ich glaube, also bin ich. In: Satire- & Cartoon-Calender 1992. Trier: éditions trèves, 1991. – Die Anekdoten *Siehe, wie Jesus kam*; *Eines Tages murrten die Jünger*; *»Sehet euch vor«*; *Jesus hatte sich zum Abendmahl verspätet*; *Einmal begegnete Jesus eine junge Frau*; *Jesus sah sich* sind Erstveröffentlichungen. – Mit Genehmigung von Paul Schabacker, Göttingen, und Hardy Siedler, Kassel.

Teegeschichten *Es fragte ein Schüler den Tee-Meister Rikyû.* Aus: Japanische Weisheit. Ausgew., übers. und hrsg. von Lydia Brüll. Stuttgart: Reclam, 1999. S. 254.

Welt im Spiegel *Gottfried Wilhelm Leibniz.* Aus: Robert Gernhardt / F. W. Bernstein / F. K. Waechter: Welt im Spiegel. 1964–1976. Frankfurt a. M.: Zweitausendeins, 1979. S. 37. – Mit Genehmigung von Robert Gernhardt im Namen der Autoren, Frankfurt am Main.

Moritz Winter (d. i. Wolf D. Rogosky, 1940–1996) Der unbekannte Kant. Aus: Robert Gernhardt / F . W. Bernstein / F. K. Waechter: Welt im Spiegel. 1964–1976. Frankfurt a. M.: Zweitausendeins, 1979. S. 33. – Mit Genehmigung von Bettina Rogosky, Maisons Laffitte (Frankreich).

Der Herausgeber dankt Andreas Schön, Hardy Siedler, Wolf Jobst Siedler, Katja Tenenbaum und Herrn Wesendonk.

Verwendete Literatur

Aelianus, Claudius: Bunte Geschichten. Aus dem Griech. von Hadwig Helms. Leipzig: Reclam, 1990.
Die Äsopischen Fabeln. Deutsch von Wilhelm Binder. 2. Aufl. Berlin: Langenscheidt, [1905].
Alt-Berliner Humor. Anekdoten und Karikaturen. Hrsg. von Otto Drude. Frankfurt a. M.: Insel, 1986.
Die andere Bibel mit Altem und Neuem Testament. Ediert und bearb. von Alfred Pfabigan. Frankfurt a. M.: Eichborn, 1991.
Anekdotenalmanach auf das Jahr 1809. Gesammelt und hrsg. von Karl Müchler. Berlin: in der Buchhandlung des Commercien-Raths Matzdorff, [o. J.].
Das Anekdoten-Buch. Hrsg. von Peter Köhler. Stuttgart: Reclam, 1997.
Antike Weisheit. Übers. und hrsg. von Marion Giebel. Stuttgart: Reclam, 1995.
Béguin, Albert: Blaise Pascal. Reinbek b. Hamburg: Rowohlt, 1959. (rowohlts monographien. 26.)
Berliner Anecdoten und Geschichtchen. Berlin: Burmeister und Stange, 1839.
Die Bibel oder die ganze Heilige Schrift des Alten und Neuen Testaments nach der deutschen Übersetzung Martin Luthers. Stuttgart: Württembergische Bibelanstalt, 1961.
Biemel, Walter: Martin Heidegger. Reinbek b. Hamburg: Rowohlt, 1973. (rowohlts monographien. 200.)
Bloch, Chajim: Hersch Ostropoler. Ein jüdischer Till Eulenspiegel des 18. Jahrhunderts. Seine Geschichten und Streiche. Berlin: Harz, 1921.
Bloch, Ernst: Spuren. Werkausgabe. Bd. 1. Frankfurt a. M.: Suhrkamp, 1985.
Bloch, Karola: Aus meinem Leben. Pfullingen: Neske, 1981.
Boethius: Trost der Philosophie. Übers. und hrsg. von Karl Büchner. Mit einer Einl. von Friedrich Klingner. Stuttgart: Reclam, 1971. (Universal-Bibliothek. 3154.)
Boswell, James: Journal. Ausgew., übers. und hrsg. von Helmut Winter. Stuttgart: Reclam, 1996. (Universal-Bibliothek. 9429.)
Buddha: Die Lehre des Erhabenen. Aus dem Palikanon ausgew. und

übertr. von Paul Dahlke. München: Goldmann, 1966. [Zuerst: Berlin: Brandus'sche Verlagsbuchhandlung, 1920.]
Cassirer, Toni: Mein Leben mit Ernst Cassirer. Hildesheim: Gerstenberg, 1981.
Chamfort, Nicolas: Ein Wald voller Diebe. Maximen Charaktere Anekdoten. Übers. von Fritz Schalk. Nördlingen: Greno, 1987.
Chenu, Marie-Dominique: Thomas von Aquin. Reinbek b. Hamburg: Rowohlt, 1960. (rowohlts monographien. 45.)
Chinesische Weisheit. Übers. und hrsg. von Günther Debon. Stuttgart: Reclam, 1993.
Cicero, Marcus Tullius: Über den Redner. De oratore. Übers., eingel. und erl. von Raphael Kühner. München: Goldmann, [1962].
Dessoir, Max: Buch der Erinnerung. Stuttgart: Enke, ²1947.
Deussen, Paul: Mein Leben. Hrsg. von Erika Rosenthal-Deussen. Leipzig: Brockhaus, 1922.
Diogenes Laertios: Leben und Lehre der Philosophen. Aus dem Griech. übers. und hrsg. von Fritz Jürß. Stuttgart: Reclam, 1998. (Universal-Bibliothek. 9669.)
Eckermann, Johann Peter: Gespräche mit Goethe in den letzten Jahren seines Lebens. Hrsg. von Fritz Bergemann. Wiesbaden: Insel, 1955.
[Einstein, Albert:] Albert Einstein als Philosoph und Naturforscher. Hrsg. von Paul Arthur Schilpp. Stuttgart: Kohlhammer, 1955.
Epiktet: Handbüchlein der Moral. Griech./Dt. Übers. und hrsg. von Kurt Steinmann. Stuttgart: Reclam, 1992. (Universal-Bibliothek. 8788.)
Epikur: Briefe, Sprüche, Werkfragmente. Griech./Dt. Übers. und hrsg. von Hans-Wolfgang Krautz. Stuttgart: Reclam, 1980. (Universal-Bibliothek. 9984.)
Eucken, Rudolf: Lebenserinnerungen. Ein Stück deutschen Lebens. Leipzig: Köhler, 1921.
Fehse, Willi: Schüler, Lehrer und Gelehrte. Ein Strauß von Anekdoten und Geschichten. Zürich: Sanssouci, 1964.
Feyerabend, Paul: Briefe an einen Freund. Hrsg. von Hans Peter Duerr. Frankfurt a. M.: Suhrkamp, 1995.
– Zeitverschwendung. Frankfurt a. M.: Suhrkamp, 1995.
Finster, Reinhard / Heuvel, Gerd van den: Gottfried Wilhelm Leibniz mit Selbstzeugnissen und Bilddokumenten. Reinbek b. Hamburg: Rowohlt, 1990. (rowohlts monographien. 481.)
Flora academica. Heitere Blütenlese aus der Wissenschaft. Zusammengestellt und hrsg. von Horst Witte. Braunschweig: Graff, 1968.

Frankenfeld, Peter: Meine schönsten Anekdoten und Witze. Hrsg. von Lonny Kellner-Frankenfeld. Frankfurt a. M.: Ullstein, 1987.
Frenzel, Ivo: Friedrich Nietzsche. Reinbek b. Hamburg: Rowohlt, [30]1998. (rowohlts monographien. 115.)
Fuld, Werner: Als Rilke noch die Polka tanzte. Neue unwahre Anekdoten über das Leben, die Liebe und die Kunst. München: Luchterhand, 1995.
Gadamer, Hans-Georg: Philosophische Lehrjahre. Eine Rückschau. Frankfurt a. M.: Klostermann, 1977.
Gauditorium maximum. Eine Lästerschule für Akademiker. Hrsg. von Gerhard Kudritzki. Frankfurt a. M.: Bärmeier und Nikel, 1958.
Geier, Manfred: Der Wiener Kreis mit Selbstzeugnissen und Bilddokumenten. Reinbek b. Hamburg: Rowohlt, 1992. (rowohlts monographien. 508.)
Gellius, Aulus: Attische Nächte. Hrsg. und aus dem Lat. übertr. von Heinz Berthold. Leipzig: Insel-Verlag Anton Kippenberg, 1987.
Gernhardt, Robert: Die Blusen des Böhmen. Geschichten, Bilder, Geschichten in Bildern und Bilder aus der Geschichte. Frankfurt a. M.: Zweitausendeins, 1977.
– / Bernstein, F. W. / Waechter, F. K.: Die Wahrheit über Arnold Hau. Frankfurt a. M.: Zweitausendeins, 1974.
– / Bernstein, F. W. / Waechter, F. K.: Welt im Spiegel. 1964–1976. Frankfurt a. M.: Zweitausendeins, 1979.
Glockner, Hermann: Heidelberger Bilderbuch. Erinnerungen. Bonn: Bouvier, 1969.
Götter, Spötter und Verrückte. Antike Anekdoten. Hrsg. von Gerhard Fink. Frankfurt a. M.: Insel, 1995.
Gwinner, Wilhelm von: Arthur Schopenhauer aus persönlichem Umgange dargestellt. Ein Blick auf sein Leben, seinen Charakter und seine Lehre. Leipzig: Brockhaus, [3]1910.
Hegel beim Billard. Die besten Anekdoten über große Denker. Gesammelt und hrsg. von Peter Kauder. München: C. H. Beck, 2000.
Henscheid, Eckhard: Wie Max Horkheimer einmal sogar Adorno hereinlegte. Anekdoten über Fußball, Kritische Theorie, Hegel und Schach. Mit Zeichnungen von F. W. Bernstein. Zürich: Haffmans, 1983.
Heuss-Anekdoten. Gesammelt und erzählt von Hanna Frieling-haus-Heuss. München: Bechtle, 1964.
Hierokles/Philagrios: Philogelos – Der Lachfreund. Griech./dt. mit Einl. und Komm. hrsg. von Andreas Thierfelder. München: Heimeran, 1968.

Hirschberger, Johannes: Geschichte der Philosophie. 2 Bde. Frankfurt a. M.: Zweitausendeins, 2000.
Humor seit Homer. Eine Sammlung der ältesten Witze, Schnurren, Scherze, Reparties, Bonmots, Facetien, Schwänke, Apophthegmata, Anekdoten aus aller Welt [...]. Reinbek b. Hamburg: Rowohlt, 1966.
[Husserl, Edmund:] Edmund Husserl und die phänomenologische Bewegung. Zeugnisse in Text und Bild. Hrsg. von Hans Rainer Sepp. Freiburg i. Br.: Alber, ^{2}1988.
Japanische Weisheit. Ausgew., übers. und hrsg. von Lydia Brüll. Stuttgart: Reclam, 1999.
Jaspers, Karl: Heidelberger Erinnerungen. In: Heidelberger Jahrbücher 5 (1961) S. 1–10.
– Philosophische Autobiographie. München: Piper, ^{2}1984.
Jaxon-Bear, Eli / Lorenz, Sabrina: Da lacht der Erleuchtete. Die besten spirituellen Witze. Mit 53 Karikaturen von Erika Ifang. München: Knaur, 1991.
Jüdische Anekdoten und Sprichwörter. Hrsg. und übertr. von Salcia Landmann. Jiddisch/dt. München: Deutscher Taschenbuch Verlag, ^{5}1970.
Jüdische Witze. Ausgew. und eingel. von Salcia Landmann. München: Deutscher Taschenbuch Verlag, ^{18}1976.
[Kant, Immanuel:] Immanuel Kant. Sein Leben in Darstellungen von Zeitgenossen. Die Biographien von L. E. Borowski, R. B. Jachmann und A. Ch. Wasianski. Hrsg. von Felix Groß. Berlin: Deutsche Bibliothek, 1912.
Der klerikale Witz. Hrsg. von Hans Bemmann. Einf. von Friedrich Heer. München: Deutscher Taschenbuch Verlag, ^{11}1991.
Konfuzius: Gespräche (Lun-yu). Aus dem Chines. übers. und hrsg. von Ralf Moritz. Stuttgart: Reclam, 1998. (Universal-Bibliothek. 9656.)
Kranz, Gisbert: Schmunzelkatechismus. Eine heitere Theologie. Donauwörth: Wewel, ^{10}2000.
Lachen im Selbstversuch. Gelehrtenanekdoten. Hrsg. von Rainer Schmitz. München: Piper, 1992.
Lao-tse: Tao-Tê-King. Das Heilige Buch vom Weg und von der Tugend. Übers., Einl. und Anm. von Günther Debon. Stuttgart: Reclam, 1979. (Universal-Bibliothek. 6798.)
Lerbs, Karl: Der Völkerspiegel. Länder und Leute in lauter Anekdoten. Berlin: Kiepenheuer, 1940.
Löwith, Karl: Mein Leben in Deutschland vor und nach 1933. Ein Bericht. Frankfurt a. M.: S. Fischer, 1989.

Mader, Wilhelm: Max Scheler. Reinbek b. Hamburg: Rowohlt, 1980. (rowohlts monographien. 290.)
Malerba, Luigi: Die nachdenklichen Hühner. 131 kurze Geschichten. Aus dem Italien. von Elke Wehr. Mit Zeichnungen von Matthias Koeppel. Berlin: Wagenbach, 1984.
Mann, Golo: Erinnerungen und Gedanken. Eine Jugend in Deutschland. Frankfurt a. M.: S. Fischer, 1986.
Marc Aurel: Des Kaisers Marcus Aurelius Antoninus Selbstbetrachtungen. Übers., Einl. und Anm. von Albert Wittstock. Stuttgart: Reclam, 1949 [u. ö.]. (Universal-Bibliothek. 1241.)
Marcuse, Ludwig: Mein zwanzigstes Jahrhundert. Auf dem Weg zu einer Autobiographie. München: List, 1960.
Markun, Silvia: Ernst Bloch. Reinbek b. Hamburg: Rowohlt, 1977. (rowohlts monographien. 258.)
Mauthner, Fritz: Erinnerungen. Bd. 1: Prager Jugendjahre. München: Müller, 1918.
Medicus, Fritz: Fichtes Leben. Leipzig: Meiner, 1914.
Münster, Arno: Tagträume vom aufrechten Gang. Sechs Interviews mit Ernst Bloch. Frankfurt a. M.: Suhrkamp, 1977.
Muliar, Fritz: Das Beste aus meiner jüdischen Witze- und Anekdotensammlung. München: Heyne, 1974.
Nasreddin Hodscha. Wer den Duft des Essens verkauft. Schwänke und Anekdoten des türkischen Eulenspiegel. Aus dem Türk. von Herbert Melzig. Reinbek b. Hamburg: Rowohlt, 1988.
Philosophen beschimpfen Philosophen. Die kategorische Impertinenz seit Kant. Hrsg. von Steffen Dietzsch. Leipzig: Reclam, 1995. (Reclam-Bibliothek. 1542.)
Plessner, Monika: Die Argonauten auf Long Island. Begegnungen mit Hannah Arendt, Theodor W. Adorno, Gershom Sholem und anderen. Berlin: Rowohlt, 1995.
Plutarch: Cicero. In: P.: Fünf Doppelbiographien. Griech./dt. Übers. von Konrat Ziegler und Walter Wuhrmann, ausgew. von Manfred Fuhrmann. Mit einer Einf. und Anm. von Konrat Ziegler. Tl. 2. Zürich: Artemis & Winkler, 1994.
Popper, Karl: Ausgangspunkte. Meine intellektuelle Entwicklung. Hamburg: Hoffmann und Campe, 1979.
Porphyrios: Lebensbeschreibung Plotins. In: Plotins Schriften. Übers. von Richard Harder. Bd. 5. Leipzig: Meiner, 1937. S. 167–199.
Radecki, Sigismund von: Das ABC des Lachens. Ein Anekdotenbuch zur Unterhaltung und Belehrung. Reinbek b. Hamburg:

Rowohlt, 1953. [Veränd. Neuausg. von: Die Rose und der Ziegelstein. Anekdoten aus aller Welt. Hrsg. von Homunculus. Berlin: Rowohlt, 1938.]
Reden des Buddha. Aus dem Pâli-Kanon übers. von Ilse-Lore Gunsser. Stuttgart: Reclam, 1957 [u. ö.]. (Universal-Bibliothek. 6245.)
Reimann, Hans: Sächsische Miniaturen. Frankfurt a. M.: Weidlich, 1957.
Roda Roda: Roda Roda's Geschichten. Hrsg. von Gregor von Rezzori. Hamburg: Rowohlt, 1956.
– Fünfhundert Schwänke. München: Deutscher Taschenbuch Verlag, 1989.
Rohde, Peter: Sören Kierkegaard. Hamburg: Rowohlt, 1959. (rowohlts monographien. 281.)
Rosenkranz, Karl: Georg Wilhelm Friedrich Hegel's Leben. Berlin: Duncker und Humblot, 1844.
Rothacker, Erich: Heitere Erinnerungen. Frankfurt a. M.: Athenäum, 1963.
Russell, Bertrand: Mein Leben. Deutsch von Harry Kahn. Zürich: Europa, 1967.
– Autobiographie II. 1914–1944. Aus dem Engl. von Juliane Kirchner. Frankfurt a. M.: Suhrkamp, 1973.
– Autobiographie III. 1944–1967. Aus dem Engl. von Rudolf Weys. Frankfurt a. M.: Suhrkamp, 1974.
Safranski, Rüdiger: Schopenhauer und die wilden Jahre der Philosophie. Eine Biographie. München: Hanser, 1987.
Sahih al-Buhari: Nachrichten von Taten und Aussprüchen des Propheten Muhammad. Ausgew., aus dem Arab. übers. und hrsg. von Dieter Ferchl. Stuttgart: Reclam, 1991. (Universal-Bibliothek. 4208.)
Saner, Hans: Karl Jaspers mit Selbstzeugnissen und Bilddokumenten. Reinbek b. Hamburg: Rowohlt, 1970. (rowohlts monographien. 169.)
Schäfer, Wilhelm: Hundert Historchen. Stuttgart: Deutsche Volksbücher, [o. J.].
Schultz, Uwe: Immanuel Kant. Reinbek b. Hamburg: Rowohlt, 1965. (rowohlts monographien. 101.)
Seibert, Curt: Das Anekdotenbuch. Berlin: Weiß, [o. J.].
Stein, Edith: Aus dem Leben einer jüdischen Familie. Das Leben Edith Steins. Kindheit und Jugend. Druten: de Maas & Waler, 1965.

Streminger, Gerhard: David Hume. Sein Leben und sein Werk. Paderborn: Schöningh, [2]1994.
Valerius Maximus: Denkwürdige Taten und Worte. Lat./Dt. Ausgew., übers. und hrsg. von Ursula Blank-Sangmeister. Stuttgart: Reclam, 1991. (Universal-Bibliothek. 8695.)
Vallentin, Antonia: Das Drama Albert Einsteins. Eine Biographie. Stuttgart: Günter, 1955.
[Voltaire:] Handbuch der Vernunft. Gedanken von Voltaire. Zusammengestellt von Laurenz Wiedner. München: Heyne, 1979. [Zuerst: Zürich: Pegasus, 1945.]
Vorländer, Karl: Immanuel Kant. Der Mann und das Werk. Hrsg. von Rudolf Malter. Leipzig: Meiner, 1914.
Weischedel, Wilhelm: Die philosophische Hintertreppe. 34 große Philosophen in Alltag und Denken. München: Deutscher Taschenbuch Verlag, 1975.
Weisheit des Islam. Ausgew., übers. und hrsg. von Annemarie Schimmel. Stuttgart: Reclam, 1994.
Weizsäcker, Carl Friedrich von: Zeit und Wissen. München: Hanser, 1992.
Wiedmann, Franz: Georg Wilhelm Friedrich Hegel. Reinbek b. Hamburg: Rowohlt, 1965. (rowohlts monographien. 110.)

Personenregister

Reclam
Daten, Bilder und Dokumente
zur Verlagsgeschichte
1828–2003
Von Dietrich Bode
239 S.

Im Jahr 2003 besteht der Reclam Verlag 175 Jahre. Seit seiner Gründung aus dem Geist liberaler Opposition im Königreich Sachsen hat Reclam ein Stück deutsche Kulturgeschichte geschrieben, nicht zuletzt weil der Verlag selbst von vielen und wechselnden Zeitläufen mitbestimmt worden ist. Dabei wurde er durch die Universal-Bibliothek seit 1867 zu einer festen Größe für das Bildungswesen.
In Annalenform und mit vielen Bildern, Zitaten und Dokumenten versehen, stellt dieser Band die Geschichte eines ungewöhnlichen und unverwechselbaren Verlags dar.